本来の自分へ還る

Return to Human

佐藤政哉

RTH出版

まえがき

リターントゥヒューマン、この言葉は「人が本来あるべき姿へ還る」という意味です。それは自分らしく生きていくこと、自分の本心、本音を大切にして生きていくことです。

では、本心はどこにあるのでしょうか？　頭の中の知識にあるのか、外部の情報の中にあるのか、感情の中にあるのか。わたしは、それらの中に本当の答えはないと感じています。

本当の答え、内なる声は「肚」の中にあると感じています。

日本語では、肚を割る、肚を括る、肚を決める、肚を探る、肚で繋がる、そして、あなたの肚ひとつ、という言葉がありますよね。

この言葉を聞いてどんな印象がありますか？　浅い感じがしますか？　それとも、深い感じがしますか？　おそらくほとんどの方が「深いものを指す」と理屈抜きで感じられるのではないかと思います。

この肚の声を感じ、行動していくことで人生はとっても面白いものになっていきます。まるで、それは宇宙や天のお導きを頂いているようなそんな気さえする。こんな生き方があったのか！　わたし自身、実践し続けている今でも心の底からそう感じています。

私の自己紹介も兼ねて、実体験を紹介させていただきます。学生時代、十代は音楽活動に没頭して過ごしました。しかし、二十歳の時に突如、人生が変わる体験をして精神世界へ没入。その後、本格的に精神修行の道へ入り、ヨガ、導引法、気功の道を研鑽している最中に、心身ともに限界を迎えて、全てを失う経験をしました。**答えの見えない絶望の中で、内なる声（肚の声）に従って新しい道を模索**している時に、ＲＴＨグループ・楽読スクール創業者・平井ナナエさんと運命的な出逢いを果たしたのです。この時期を起点に自分の人生で奇跡を実体験し始めました。

その後、日本全国に展開する「楽読スクール」で商人道も磨いていき、トップセールスとなり、三十六歳の時には、**新たなステージで湧いてきた内なる声（肚の声）に従って、一大決心をしました。今までやってきた仕事や、環境のほぼ全てを手放し、本来の自分や使命を知るための半年間プログラム「リターンスクール」に専念したのです。本当に大きな決断でした。**

その後、「リターンスクール」を日本全国で開講。リターンスクールのファシリテーター育成、トレーナー育成に全身全霊を注ぎ、自身の集大成として「宇宙意識マスターコース」を展開しています。

今から約十年前には、健康も、友人も、経済も、人生で大切なもの全てを失った私でしたが、お陰様で今では、三つの社団法人の代表を務め、ミッションにもとづいて数億円規模の活動に成長しています。**かつて失った健康も、友も、経済も、お陰様ですべてに恵まれる状況になりました。**本当に有難いことで、これまでお世話になった人や、運命の導きに感謝しています。

私のまわりで起きている幸せな奇跡の源泉は、内なる声（肚の声）に従うことが最重要の鍵だと、私は確信しています。

自らの肚の声を感じ、益々、楽しく幸せで豊かに生きられる道筋を、この本で紹介していきたいと思います。

この本を手に取った人たちが、日々実践し、実感し、ひとつでも多くの理想を実現化できる一助となったら、とてもとても幸せです。

目次

第1章

いいもわるいもない、すべて◯《マル》

人間とは何か。

人生とは何か。

人間は、どうして生まれてくるのか。

皆さんは、こんなことを考えたことはあるでしょうか。

これまでの人生の中で、一度くらいは、考えたことがあるかもしれませんね。

わたしが思う人生とは、

そして、人間の本質とは。

それは、
自分自身が幸せを感じ、成長すること。

そして、
両親や恩人、ご縁のある方にも、幸せを感じていただけるようにお手伝いをすること。
そのように捉えています。

そのためには、何が必要か。

私は、人それぞれが持っている魂、使命に気付くこと。言い換えると、本来の自分に還ることこそが、必要だと感じています。

本来の自分に還る、本当の自分に目覚めることは、

それだけでとてもパワフルなことです。

自分で自分のことを理解し、自分を満たし、自分を活かす。それが実現できた時、人は大きな喜びを感じると同時に、大きなパワーを発揮することができます。

自分自身とつながり、自分が本当に為すべきことや、

自分の本心で生きることこそが、

真の幸せにつながると共に、

周りの人々や社会に貢献できる道であり、

さらには平和な地球世界を創造できる道であると、わたしは確信しています。

本来の自分とつながり、本当の自分の魂、使命に従って生きている人は、

それだけで幸せですし、

自ずと理想が現実化していきます。

なぜなら、それは、自分の力だけによるものではなく、「他力」が発動するからです。

そのように、人が幸せになっていく環境を提供していくことが、

本来の自分に還る「リターン・スクール」の使命であり、目的でもあります。

本来の自分に還る、本当の自分に目覚めるためのスクール（環境）を提供しています。

すべては自分の捉え方次第

過去を振り返ってみても、**大きな成果を収めた人々は、その多くが本来の自分とつながり、本来の使命に従って生きてきた方ではないかと感じています。**

例えば、「経営の神様」と呼ばれた松下幸之助さん。

彼が立ち上げた松下電器産業は大いに発展し、現在はパナソニックと社名を変更し、世界的企業として日本経済を支えてくれています。

幸之助さんが生まれた明治二十七年は日清戦争があり、翌年には日本の勝利に終わり、日本は好景気に沸きました。幸之助さんの父親は村会議員を務めたこともある小地主で比較的に裕福な家でした。

しかし、父親が一攫千金を夢見て米相場に手を出し、失敗して、すべての財産を失いました。その後、幸之助さんは小学校を中退して、わずか9歳で丁稚奉公に出されました。身体が弱く、貧しい家に育ち、決して学歴も高いわけではない。こうした逆境においても、幸之助さんは自分の使命を見定め、自分にできる最大限の努力を惜しまずに仕事をしてきました。

幸之助さんは一九三二年、ある宗教団体の本部を訪問した際に、事業の真の使命に気付いたと言います。宗教は悩んでいる人々を救い、安心を与え、人生に幸福をもたらす聖なる事業である。しかし、事業経営も、人間生活に必要な物資を生産する聖なる事業ではないか。幸之助さんは、こう悟り、自分自身の使命に気付いたと言います。

そして、使命に気付いたからこそ、自分をどう生かすのか、自分の置かれている状況をどう捉えるべきかを意識できたのではないでしょうか。

のちに幸之助さんはこう述べています。学校へほとんど行けなくてよかった。だから、分からないことは素直に人に聞き、尋ねることができた。おかげで沢山の人から知恵を授かり、会社を大きく発展させることができた。

身体が弱くてよかった、だから、仕事を人に存分に任せることができ、優れた人材が育ってくれた。もし自分が健康で、何でもかんでもやっていたら、人も育たず会社も大きくならなかっただろう。

そして、決断に弱くてよかった。だから、人が教えてくれたり、助けてくれたりして成功することができた。ワシはめちゃめちゃ運が強かった。

もし、幸之助さんが自分自身の生まれや境遇を憂い、学校に行けなかったこと、身体が弱いことを「財産」ではなく「欠点」として捉えていたとしたら。これだけ大きな業績を遺せたでしょうか。わたしは、そうではないと思います。

つまり、**実際に起きた出来事が問題なのではなく、起きた出来事をどう捉えるか。物事をどのように解釈するかによって、人生は大きく変わっていきます。**

ここで**今から、本来の自分とつながるステップとして、とてつもなく大事なことをお伝えします。**

思ったただけで〇
思ったところから始まる

物事を肯定的に捉えるための考え方として、「四つの承認」という考え方があります。これは、自分に対する承認を四段階に分けたものです。

STEP1 成果承認

まず、例えば、自分が何か行動して、成果につながった。これは、自分のことを認めて、○だと思えるはずです。これを「成果承認」と言います。成果が出ているから、自分のことを認められる、承認できる。

STEP2 行動承認

では次に、行動はしたけれど、成果は出せなかった。あるいは、成果を出すために、行動しているという段階。これが「行動承認」です。

この状態で、皆さんは自分のことを○だと思えるでしょうか。この段階で、結果につながらなかったから、自分を認められずバツをする人も出てきます。でも、行動したから○、行動した自分を認めてあげようということです。

STEP3 意識承認

ここからがとっても大事な段階です。行動もしていない、当然成果が出るわけがない。

でも、行動しようとは思った。これはどうでしょう。ほとんどの方が、そんな自分に○、とは言いにくいのではないかと思います。

なぜならば、**わたしたちは心のどこかで「思っただけじゃダメでしょ」という意識を持っているからです。行動して、結果につながらず自分にバツを付けてしまう人がいるくらいですから、「思っただけで○」と思える人は、非常に少ないと感じます。**

しかし、本当にそうでしょうか。

成果に至るためには、行動する必要があります。では、行動を起こすためには、何が必要でしょうか。「やろう」という思いが絶対に必要です。だから、**「思った」、「意識した」というスタートの部分にも○を付けよう、ということなのです。**

この段階が「意識承認」です。**この意識承認をどれだけ、自分に対してできるか。これが、とても大きなポイントになってきます。これはとても重要なことなので、もう少し、かみ砕いて説明していきたいと思います。**

自分の最大の応援者は自分

例えば、普段は八時に起きている人が、健康のために六時に起きて、ランニングに行こうと思った。結果、六時に起きることは出来ず、起きたら八時だった。

ここで多くの人は、「思っただけじゃダメでしょ」と思ってしまいます。しかし、それは自分の思いで自分を傷付けてしまう可能性があるのです。

もし、あなたが六時に起きようとして、起きることができなかった時、誰かから「思っただけじゃダメでしょ。ちゃんと行動して、成果を出さないと。ちゃんとやらなきゃダメ」と言われたら、あなたのエネルギーは上がりますか？　下がりますか？　あなたの気分はいいですか？　悪いですか？

恐らく多くの方は、自分のエネルギーは下がるし、気分は悪くなるはずです。でも、「思っただけじゃダメ」と自分で思うことは、自分に対して同じことをしている、つまり、自分で自分のエネルギーを下げてしまっているのです。

では逆に、思っただけでも◯、と考えられるとしたらどのようになるでしょうか。

「起きることはできなかったけど、起きようと思ったんだよね。これは、良くしようと思ってるということだよね。そこから始まるよ。良くしようとしてるじゃないか」と、誰かから言ってもらえたら、どうでしょうか。

「思っただけではダメ」あるいは、「良くしようとしているから、思っただけでも◯」どちらの声掛けを受けたら、翌日からの行動につながるでしょうか。おそらく、多くの方は後者ではないかと思います。つまり、**「思っただけで○」の考え方は、常に応援する心につながっています。**

自分自身のことをバツだ、ダメだと思っている人と、自分自身を認めて、自分は○だ、自分は素晴らしいと思っている人。どちらの人のエネルギーが高そうでしょうか。

自分自身のことをバツだ、ダメだと思っている人をイメージしてみてください。自信がなさそう、印象が暗そう、辛そう、楽しくなさそう。そんなイメージが湧いてくるのではないかと思います。

一方、自分自身を認めて、自分は○だ、素晴らしいと思っている人をイメージしてみましょう。自信がありそうだし、はつらつとしているし、楽しく明るそうなイメージが湧いてくると思います。

あなたは、どちらの人を目指したいですか？　あるいは、どちらの人と一緒にいて楽しいと思いますか？

思っただけでも○、思ったところから始まる。「思っただけじゃダメ」と思っていたことを、「思ったから○」に書き換えていく。そのように、自分に言い聞かせていく。

そうすると、自分で自分を傷付けることが減っていくので、エネルギーが自ずと高まっていきます。これを「お風呂理論」と呼んでいます。

人には、エネルギーを溜める入れ物、お風呂のようなものがある、とイメージしてみてください。

皆さん、セミナーを聞いたり、何か学んだり、おいしいものを食べたり、パワースポットに行ったり、人と会ったりすると、エネルギーが上がったように感じませんか。それは言い換えると、自分の中にある入れ物、お風呂にエネルギーが溜まったということです。

でも、多くの場合、しばらくするとエネルギーが減り、元気がなくなり、やる気が下がる。これはなぜかと言えば、自分の思いで自分を傷付けてしまっているからです。「成果が出せないな」とか「行動に移せてないな」と思うと、それじゃダメだ、ダメだと無意識に思って、エネルギーがいつの間にか下がる。

つまりこれが、エネルギーの入れ物、お風呂の栓が抜けている状態なのです。

では、**エネルギーの入れ物の栓を閉めるにはどうしたらいいのか。それこそが「意識承認」なのです。**

「成果を出してない」「行動してない」と自分で自分を責めてしまいそうな時も、「でも、成果を出したいと思ってるから○」「行動しようと思ってるから○」ということを自分で認め、○を付けてあげるのです。そうすると、心にエネルギー・養分が行き渡り、だんだんと明るくなっていきます。それによって、物事が好転し、運がどんどん良くなっていくのです。

日常生活の中で、自分にバツを付けてしまいそうな時、ダメだなと思ってしまいそうな時ほど、「思ったから○」、「やろうとしているから○」と、意識して自分に○を付け続けます。これが、エネルギーの栓を入れるための重要なステップです。

「自分はバツだ」と思ってしまうのは、過去の経験や思いグセの可能性が高いです。思ってしまうのは、仕方がないし、構いません。だからこそ、**そういう時はバツと思った自分を認めながら、○に切り替えていく、○の方向に目を向けていくことを意識してみて下さい。**

何があっても、どんな時にも自分を励ます。

「大丈夫」「偉いよ」「そこから始まるよ」「意識しただけで○だよ」と、自分を励まし続ける。

これこそが、意識承認です。

こう書くと、「そんなに自分に○を付けたら、甘くならないですか？」と思う方もいるかもしれません。でも、本当は逆なのです。

自分に○を入れ、エネルギーが溜まると、人は本領を発揮することが出来るのです。

自分にバツを付けて、ダメだと思って責めてしまうから、エネルギーがさらに下がって行動ができない、当然、成果も出ないというループにはまってしまいます。

これが事実なのに、今は「自分に甘くしたら、行動しないのではないか？」という考え方になってしまっているのです。

自分に○を付けて、エネルギーのお風呂の栓を閉める。そうすることで、自分の中にエネルギーが満ち溢れ、活動したくなり、当然成果も出るようになる。そういうステップになっているのです。

皆さんもぜひ、自分に○を付けて、「意識承認」ができる自分を目指してくださいね。

存在するだけで価値がある
生きてるだけで◯

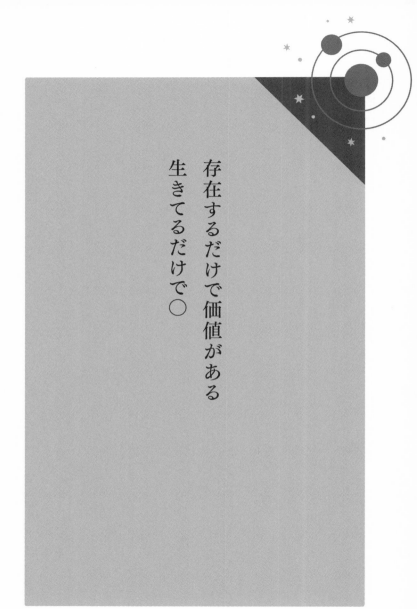

STEP4 存在承認

「四つの承認」の最後のステップ。それは「存在承認」です。つまり、**存在しているだけで○。**

これは赤ちゃんを例えに出すとわかりやすいのですが、赤ちゃんはおっぱいを飲む、排泄する、泣く。これくらいしかできません。

もし、成果や行動ができなければ意味がない、誰かの役に立たなければいけないとするのならば、赤ちゃんには存在意義がないのでしょうか。

そんなことはないはずです。赤ちゃんには存在する意味がある、と思うでしょう。ただ人にお世話されているだけだけれど、その存在には大きな意味があり、価値がある。

その赤ちゃんが大きく成長したのが、他ならないあなたなのです。赤ちゃんだった時代と同じように、存在するだけで○、存在するだけで価値がある。

だから、「生きてるだけで○」と何度も自分に言ってあげましょう。そう思える領域こそが、「存在承認」なのです。そして**いつの日か、いいわるいはなくて、「すべて○」って感じられる時が来るでしょう。**

人が幸せを感じたり、奇跡を起こしていくためには、「自分への○付け」がすべての土台・基礎・ベースになります。

とても重要なことなので、リターンスクールで丁寧にお伝えしています。一人では難しいことも、リターンスクールの仲間や環境の力で、見違えるように変化が起きています。それぐらいパワフルな習慣です。

自分への○付けを習慣化するためのヒント

- 「思っただけで○、生きているだけで○」と、毎朝１００回、自分に唱えてみましょう。
- 一日のうち、「自分は○だ」と思うところを探してみましょう。

第2章

波動を上げる

自分を讃えると奇跡が起きる

あなたは、自分自身のことが好きですか。自分自身のことを素晴らしいと思えていますか。

第一章の「〇付け」を繰り返すことで、エネルギーの入れ物の栓は閉まっていきますので、焦らず、慌てずに、繰り返していってください。

そして次に行うのは、「波動を上げる」ことです。
言い換えると、「エネルギーを高める」ことです。

波動を上げるためには、自分がどんな言葉を使うと気持ちが良いのかを知り、自分のことを常に認められるようにトレーニングすることが大切です。

自分の波動を上げるために試してみてほしいのが「自我自賛」です。自分のことを、自分で褒めること。多くの人が、「自画自賛」という言葉をあまり良い意味として捉えてこなかったと思います。でも、敢えて「自我自賛」をしてほしいと思うのです。

ここでは、敢えて「自画自賛」ではなく「自『我』自賛」という言葉を使っています。

「自」という文字には、「自ら（みずから）」、「自ずと（おのずと）」という意味があります。「みずから」は、自分から、自発的に動くこと。一方で「おのずと」とは、自分以外の力が働いてそうなる、という意味を表しているそうです。つまり「自」という言葉には、自力と他力の両方の意味が最初から含まれているのです。

さて。皆さんは「自分」というと、誰のことを指していると思いますか？　そう、自分自身、私は私、あなたはあなたのことを「自分」だと捉えていると思います。しかし、

「自分」という言葉は、元々は「みんな」という意味だったらしいのです。

私たちはこの世に生を受ける前は、元々全員が一つの魂だった。私も、あなたも、誰も彼もが、一つの魂として存在している。もちろんそれは、この世の話ではありません。そこから、今世に生を受けて誕生する際、一つの魂から分かれて、肉体という乗り物に宿る。つまり、今世では私は私という個体であるけれど、生まれてくる前はみんな同じ一つの魂であった。「自分」とは、一つの魂から「分かれた」もの、という意味が込められています。

次に「我」について。この文字は「われ」、つまり、個体としての自分自身のことを意味しています。つまり「自我」とは、「みんな」と「わたし」とが合体してできている、とも読み解くこともできます。

ですから、「自我自賛」とは、「わたし」のことを称賛することはもちろん、わたし以外の人たち、みんなを称賛するという意味で使っているのです。自分が自分自身を称賛する時、それは誰のおかげなのでしょう。もちろん、自分のおかげでもありますが、自分の身の回りにいる人々、みんなのおかげで、素晴らしい自分が生き、生かされていると感じられるのではないでしょうか。

想像してみてください。あなたは一人きりでここまで生きてきたのでしょうか。例えば、両親がいなければ、あなたはそもそも存在すらしていない。そして、周りの人たちの支えや協力があって、今のあなたがいる。自分を称賛することには、自ずと他人への称賛、感謝が湧いてくるはずです。これが「自我自賛」の本当の意味だと私たちは考えています。

あなたは、自分のことが好きですか。自分のことを大切だと、自分で思えているでしょょうか。もし、これが「ノー」だとしたら、エネルギーは上がりますか、下がりますか？
自分自身が、自分のことを「好き」「大切だ」「愛している」と思えないのに、他人があなたのことを「好き」「大切だ」「愛している」と思ってくれるでしょうか。

まずは自分で自分を褒め、自分を称え、自分の波動を上げる。第一章の「○付け」で、自分の中にあるエネルギーの入れ物の栓を閉め続けて、次に自我自賛をし続けることで、波動はグングン上がっていきます。

とても効果的でおすすめなのは、鏡を用意して、自分の顔を見ながら自分を褒め称えることです。

鏡とは、真ん中の我を抜くと「神」になるという言葉です。人は、本来は神そのものであるという考え方があります。神社のご神体は鏡ですね。そこに映る存在があなたの神であり、本当はあなた自身が神そのものであると伝えてくれています。

古神道の最奥義に「御鏡御拝《みかがみぎょはい》」というものがあると言われています。それは鏡に映る自分の内なる神を拝み、褒め称える行法です。そうすることで、内なる神が輝きと力を増すのです。

自分が自分に言ってあげたい言葉、人から言われて嬉しい言葉、あとは、何となく自分が受け取り切れないけれど、嬉しい言葉、良い意味で心がザワザワする言葉を選んでください。

鏡に向かって自我自賛し続けることで、自分の波動が驚くほど上がっていきます。

これを実践し続けたことで、自分の理想を現実化した方のお話を紹介します。Aさんは、初めて会った時は目がうつろで表情も暗い印象の方でした。「自分を変えたい」という相談を受けたので、この鏡に向かって自我自賛することをオススメしてみました。

Aさんはとにかく自分が嫌いで、出会った当初は「自分の顔を鏡で見るのも気持ち悪い」と言っていました。自分の顔を見るのが嫌で、化粧をする時も鏡を見なかったのだそうです。ある日、会社に行くと「Aさん、どうして今日は眉毛が二本あるんですか？」と同僚に聞かれて、初めて眉毛ではないところにアイブロウを引いていたことに気付いたこともあるそうです。

そんなAさんですから、「鏡に向かって自我自賛する」という提案を最初は嫌がりました。「騙されたと思ってやってみてほしい」と伝え、Aさんは渋々実践を始めました。

それから一カ月ほど経ち、Ａさんと再会すると、雰囲気がガラリと変わっていたのです。目の輝き、表情、声のトーン、全てが明らかに輝き始めていたのです。

話を聞いてみると、やはり最初は鏡で自分の顔を見るのがどうしても嫌で、一瞬だけ鏡の前に立って、自分を褒めて、すぐ逃げるということを繰り返していたそうです。ところが、少しずつ抵抗感が薄れて、鏡の前で自分自身の顔と向き合って、自分のことを褒められるようになってきたと言います。

変わったなと思ったのが、Ａさんと他の人と一緒にいる時間に、他の人と何かのキャラクターの話をしていた時のこと。その時に「かわいいよね」と言った一言をＡさんが聞いて「え？　私のこと？」と言ったのです。

これは、以前のＡさんでは考えられないこと。自分のことを認め、承認し、好きになっていったことの表れだと思います。

この後、Ａさんにはこんなことがありました。Ａさん家族は当時愛媛に住んでいたのですが、岡山に家を建てることになりました。愛媛で仕事をしていたＡさんは、会社を辞めなくては……でも辞めたくない、と考えていました。「もし、何でも許されるとすれば」という理想を聞いてみると、週三日は愛媛で仕事をし、週四日は岡山で暮らす。しかも、週三日の仕事で正社員のまま、給料も変わらなかったら最高だと言いました。その理想が叶ったら、最高だと。

なので、前代未聞かもしれないけれど、その理想が叶うと思って会社の人に話してみてはどうか？　と提案しました。思うだけは自由だし、話してみるだけも自由じゃないですか、とお話ししました。

そして、どうなったか。会社側からは、週三日の勤務でＯＫ、正社員でＯＫ、給料も今と変わらずでＯＫ。さらに、愛媛と岡山の往復の交通費まで会社が負担する、ということになったのです。

こんなことがなぜ起きたかと言うと、それを信じられたからです。理想が叶ってもいい、信じてみようと思えた。そう思えたのは、Ａさん自身が自分を信じられるようになっていたからです。自分を信じていないと、理想の話をしても「そんなの無理です」と、自分であきらめていたかもしれません。

後に、Ａさんはこう語っています。

「自分を一番可愛がれるのは、自分。魂、心、思いをのせて動いている自分を丸ごと愛して大切にすること、その大事な部分を教えてもらって、本当に感謝しています」

自分と仲良くなり、自分を信じることができたからこそ、自分の理想を思い、信じることで、現実化できたのだと思います。自分を認め、愛することは、これほどのエネルギーを秘めているという好例だと思います。

身体の中心である「丹田の力」

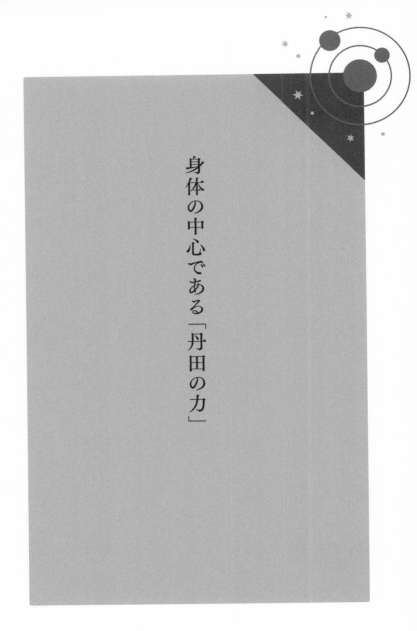

自分の意識を変え、波動を上げていく際に意識したいこと。それは、身体の習慣から変えていくことです。私たちの心の状態が身体に影響を与えるのと同じように、身体の状態もまた、心に大きな影響を与えています。**身体の状態が整うと、自然と、心も整っていくのです。**

私たちの身体には、エネルギーの源である「丹田」があります。丹田は、へその約一〇センチ下、身体の内側、約五センチのあたりに位置します。

道教をベースにした、「氣」を養う中国の伝統的な修行体系である内丹術では、丹田において神秘的な霊薬「内丹」を創り出すと言われています。江戸時代の儒学者である貝原益軒は、自身の医書である『養生訓』の中で、「臍下三寸を丹田と云。腎間の動気こゝにあり」（臍下三寸のあたりを丹田と言い、ここに生命力の源がある）と述べています。

丹田は身体の中心に位置しています。中心が整うと、末端も自ずと整います。中心がブレると、末端も当然ブレてきます。

廻っているコマをイメージしてみてください。中心の軸が高いエネルギーで、速く回転している時ほど、コマは安定して廻っています。逆に、中心の軸の回転が遅くなる、つまりエネルギーが下がってくると、コマの回転はブレて、やがて止まってしまう。

言い換えると、**中心に向かう力（求心力）が高ければ高いほど、外へ向かう力（遠心力）も大きく働く。つまり、中心を整えることが、全体を整えるコツなのです。**

人間の身体で言えば、中心にあたるのが丹田になります。この丹田の力を養うためにおすすめしたいのが『コアチューニング®』というメソッド。自分でも簡単にできる、とても画期的な体操法です。

コアチューニング®は身体をゆるめ、腹圧を高めることができます。これにより、身体の中心の体幹が安定し、繋がりにくくなっていた神経回路が本来の働きを取り戻すことができます。**身体が整うことで、心、精神も整い、自分自身の波動を上げることができます。**

このメソッドを発案したのは、須田達史さんという方です。須田さんは、キックボクシングの元・日本チャンピオンであり、現役引退後は格闘技の世界で日本チャンピオン二十名以上、世界チャンピオン八名を育成した名トレーナーでもあります。

須田さんは、身体が小さく、筋肉量の少ない日本人が、体格の大きい海外の選手に勝つために、そして、日本人が古来持っていた精神的・肉体的な強さを取り戻すために様々な研究をしてきました。そして、一冊の本と出会います。

その本は、『肥田式強健術』。

肥田春充《ひだはるみち》という方が戦前に生み出した、丹田能力開発法をまとめた著作でした。**この肥田式強健術は明治、大正、昭和初期まで日本人の国民体育に導入されていました。**

肥田式強健術の特徴は、丹田を意識すること。それにより、身体の可能性を最大限に引き出すこと。かつての日本の武道や茶道、華道、作法などは、この丹田を意識することが稽古の中で行われていました。

体幹を整え、丹田を意識することで、自分の力だけではなく、重力といった他力をも使えるようになる。この肥田式強健術をベースにして、須田さん独自の身体操作法や、脳科学、物理学、呼吸法の要素などを組み合わせて出来上がったのが、コアチューニング®なのです。

私自身もコアチューニング®を約十年、毎日続ける中で、「地に足がつく」状態とはどのようなものかを、身をもって知ることができています。

内なる自分とつながる

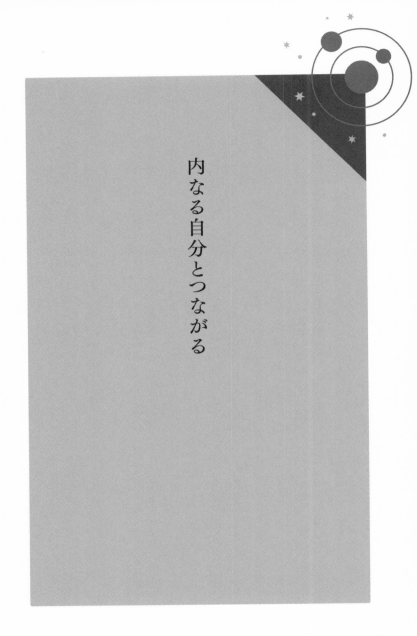

内なる自分とは、心の内側、奥深くにいる魂としての自分であり、さらにその奥には、魂の中心である真我があります。そして、内なる自分とつながるためには、自分自身の内側と対話する時間を意識的に作っていくことが大切なのです。

「自分はどうしたいか」「どう生きていきたいか」は、自分自身で決めるしかありません。あなたがどう生きていきたいか、どういう人生を送りたいか。その本当の答えを知っているのは、内なる自分なのです。

人生の選択を論理的な損得勘定を、頭で考えて意思決定をするよりも、内なる自分の声、直感、感覚・感性に従って物事を判断することで、本当に生きたい人生の道が開けます。

内なる自分とつながるために、瞑想はとても役に立ちます。瞑想には、様々な効果があります。自然治癒力が高まったり、呼吸が深まって心が落ち着いたり、それに伴って記憶力やイメージ力が上がったりします。

瞑想で目指すのは、まず思考や損得勘定、表層的な感情のノイズを鎮めることです。鎮めることをしようとすると、実は、思考が騒がしいことに気付くのではないかと思います。つまり、現在地が把握できます。普段はこれだけ騒がしかったのか、と感じられると思います。

最初は騒がしい思考も、続けていくうちに、徐々に鎮まってきます。そうすると何が起こるかと言うと、より内側を「感じる」ことができるようになります。

思考が鎮まると、心が鎮まります。それはまるで、湖面に波一つないような状態になります。そうすることで、いよいよ自分の本心、本音、言い換えると「内なる自分」を感じやすくなります。これをわたしたちは「肚の声を感じる」と表現しています。

この瞑想を通じて、内なる自分である肚までつながる道を作っていくようなイメージです。

目を閉じて、外部情報を遮断して、外側の世界から内側の世界に焦点を合わせていく。そうすることで、「内なる自分」とつながるための回路ができてくる。これが、瞑想の目的です。具体的に肚につながる道が実際に目に見えるわけではないですが、続けていると、確かに感じることができます。

自分の内側から感じるものが出てきたり、インスピレーションが湧いてきたり、内なる声が感じられるようになったり。この状態に自分を持っていくためには、まず瞑想をして思考と感情を鎮める。これを日々取り組んでみてください。

「瞑想をすると、雑念が出てくるんです」という方が多くいます。雑念が出ていることがバツ、という感じで話す方もけっこういます。でも、雑念は出るのが普通です。それは単に、頭が騒がしいな、また思考を使っているな、という気付きのきっかけです。気付いたら、そっと丹田に意識を戻して、深く呼吸をする。騒がしくなったら、また、そっと戻す。これを繰り返し訓練してみてください。

そうすることで、段々と**「いい・わるい」で判断する意識が薄らいできます。このようにジャッジメントしている意識が薄らぐことで、自分や他人、物事に対して裁いたり、責めたりする意識が消えていきます。**

瞑想のやり方は本当に星の数ほどありますが、何が正しくて、何が間違っている、というものはありません。自分にとってやりやすい、心地良い方法で、思考の騒がしさを鎮めることができれば、何でも構いません。自分にとってやりやすいやり方を探してみてほしいと思います。

自分本来の幸せな状態になるために、波動を上げる方法やエネルギーを高める方法はとても重要なテーマなので、リターンスクールで丁寧にお伝えしています。

内なる自分とつながるためのヒント

- 自分のエネルギーが上がる「自画自賛ワード」を見つけて、鏡に映った自分に言ってあげましょう。
- コアチューニング®を学んで、日々実践してみましょう。
- 一日十五分ほど瞑想をして、内なる自分を感じる時間を作ってみましょう。

第3章

全ては自分が創り出している

人生の主人公は自分

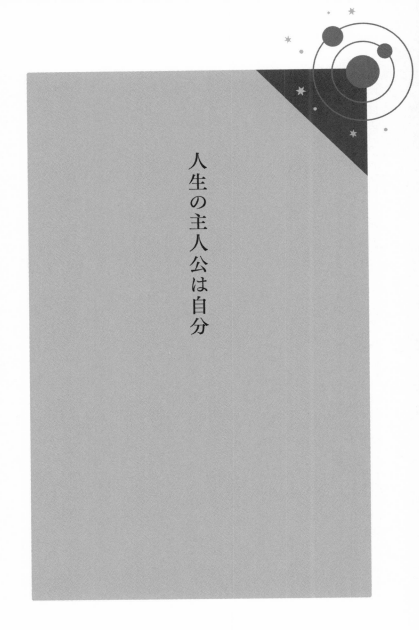

あなたは、自分の人生は全て自分が創り出している、全て自分が選んでいると思っていますか？

「思っています」という人もいれば、「そんなはずはない」という人もいると思います。ただ、これは事実として、この世の中は全て、自分が思ったように進んでいくし、自分が創り出した通りの現実が出来上がっています。

多くの人が、他人の責任にしているのに、自己責任で生きている、と思い込んでいます。これはいいとかわるいとか、そういうことではなく、どうしてもそうなりやすいということです。

例えば、あなたが信用していた友達に裏切られ、一千万円の借金を負ったとしましょう。この時、あなたはどう思うでしょうか。

「Aさんが私を裏切った」「Aさんが私をだました」と思うのではないでしょうか。

あるいは、両親から厳しく育てられてきたため、自分を認めたり、自分を褒めることがどうしてもできないとします。そんなとき、あなたはどう思いますか。

「両親が厳しかったせいで、自分を認められない」と思うかもしれませんね。

でも、もしあなたが本当に成長し、本来の自分を生きたいとするならば、全て自分が創り出したことだという事実を認め、受け入れる必要があります。

実は、これは自分自身にエネルギーがないとできません。エネルギーが高くなければ、自分の責任を自分で取ることはできないのです。

ですから、「全て自分が創り出している」と思えないうちは、自分のエネルギーを高めることに集中してください。もしくは、自分のエネルギーを高めることを意識しながら、ここから先を読んでもらいたいと思います。

他人の責任にしている時、人は無意識に主語が他人になります。「あの人が」、「両親が」、「社会が」といった具合にです。でも、それを「自分が」、「私が」に変えて捉え直すことが、自己責任で生きることの第一歩です。

最初に挙げた例で考えてみましょう。

「Aさんが私を裏切った」

もうお分かりの通り、主語が「Aさん」、他人になっています。

これを、自己責任で捉え直すとどうなるか。

「私がAさんに裏切られた」

こうなります。そうすると、**「だったら、これからどうしたいか?」と考えられるようになります。**「これからは人から裏切られないように、人との付き合い方を考える」というように、自分の意識や行動を変えることにつなげられるのです。

それでも多くの人は、無意識に「自分は悪くない」「自分はミスを犯していない」と思ってしまいがちです。そのままでは、現実は変わりません。

目の前に起きている現実は、全て自分が創り出しています。これは、人間全てに共通して言える、普遍の原理、法則です。**これを認めて、受け入れて、「だったら、どうする？」と考えられることが、「自己責任で生きる」ことにつながります。**

主語は「わたし」と捉える

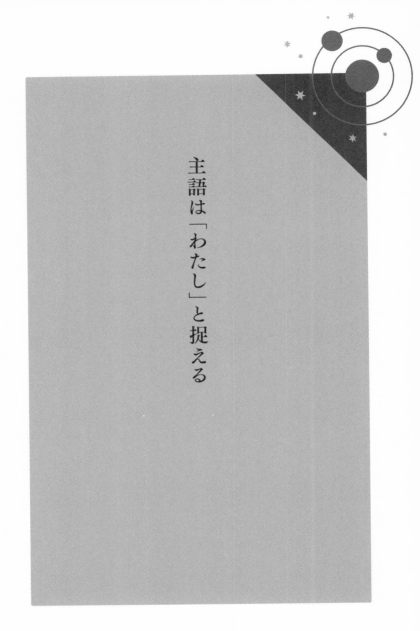

あなたにとって、「しなければならないこと」とは何でしょうか。

仕事に行かなければならない、お金を稼がなければならない、子どもを育てなければならない、両親の面倒を見なければならない、パートナーの機嫌を取らなければならない……。

あるいは、法律を守らねばならない、約束を守らねばならない、人に合わせて生きていかねばならない……。色々と出てくるのではないかと思います。

でも、この世の中に本当に「しなければいけないこと」はありません。「しなければいけないこと」は、実はあなたが「やりたいと思っている」可能性が高いです。

そんなはずはない！　と思うかもしれませんが、そういうケースは多く見られます。

「○○しなければならない」と考えることで、自分の選択を他人の責任にしているのです。

もちろん、こう考えるのが難しい、と思う人もいるでしょう。目の前に介護が必要な両親がいて、自分が世話をするしかない。この状況を、自分が選んでいるはずがない！と思う方もいるかもしれません。しかし、厳しいことを言うようですが、そう捉え直さないと、いつまで経ってもあなたの成長はありません。

いかに自分が選んでいると捉えられるか。自責の意識で生きられるか。これが、自分を成長させるための大きなステップになります。

繰り返しになりますが、自分の選択を他人の責任にしてしまうことを、多くの人が無意識でやっています。だからこそ、主語を「私は」で捉えることが必要です。自分がこの目の前の現実を創り出しているとしたら？　と捉えて、「だったら、どうしたいのか」を肚で感じてみるのです。

自分の肚の声を感じる

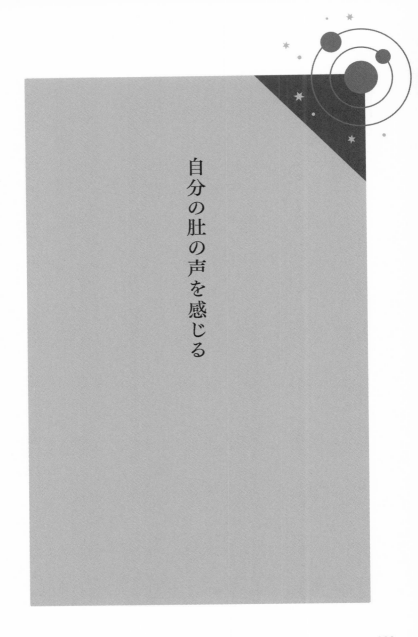

自分の本当の声、本音を知りたい場合は、自分の肚を感じることが重要です。

「どうしたい？」と考える時、多くの人がどうしても頭で考える、あるいは、頭の中にある知識から情報を取ってこようとしてしまいます。

でも、**頭にあるのは知識と過去データです。**そうなると、**過去の延長線上でしか未来を想像することができません。**「今までこうだったから、こうだろう」、「世の中はこうだから、こうするしかない」という具合に。

でも、**ここで取り扱いたいのは「あなたが本当はどうしたいか」です。**本当の声、本当の理想を感じて、それを現実化していきたいと思っているからこそ、あなたはこの本に出会ったのだと思います。

「〇〇だから、〇〇しなければならない」、「〇〇だから、〇〇するしかない」というのは、過去データから来たものであり、結局は外部の責任にしていることにつながります。もちろん、外部の責任にして生きていくのが悪いわけではありません。ただ、**その生き方では、自分の本当の理想を現実化して生きていくことは不可能です。**

あなたが本当の声、本当の理想を感じたいのであれば、「考える」のではなく「感じる」、頭ではなく、肚の声を感じる習慣を身につけてほしいのです。「考えるな、感じろ」というブルース・リーの有名な言葉にもある通りです。

具体的にどうしたら良いかと言えば、例えば、瞑想している時に自分の肚に意識を置き、「本当はどうしたい？」と感じにいく。あるいは、瞬間的に判断をしなければならない時も、頭ではなくて自分が「どう感じるか」に集中することにトライしてみてください。

丹田に意識を置いて、深く呼吸をする。その状態で、自分の心の奥底に問い掛けてみましょう。そうすることで、自分が「どう感じるか」が意識できるようになっていきます。

もちろん、いきなりできるようにはなりません。訓練だと思って、続けてみてください。少しずつ、自分が本当はどうしたいのか？　を感じられるようになってくるのがわかります。

ここで、肚に問う時のポイントを紹介します。

それは**「何でも許されるとするならば」と意識することです。**「ねばならない」の思考が入ると、途端にそちらに引き戻されますから、できるだけ発想を自由にして、自分の肚の声を感じる意識を持ってみてください。

もう一つのポイントは**「必ずわかる」と思い込む**ことです。感じようとして、答えが返ってこないと「わからない」、「感じられない」と思ってしまうかもしれません。でも、先ほども書いた通り、いきなりすぐにできるようにはなりません。

繰り返し、繰り返し聞きにいく、感じにいくことで、少しずつ自分の中の肚へ続く道ができてきます。これを「内道」と呼びます。訓練を続けることで、この内道が開発されていきます。

自分の外にある情報、自分以外の声に従って生きること、これを本来「外道」といいます。ぜひ、自分の内側にあるものに意識を向け、感じにいって、それに従って生きることにトライしてみてください。

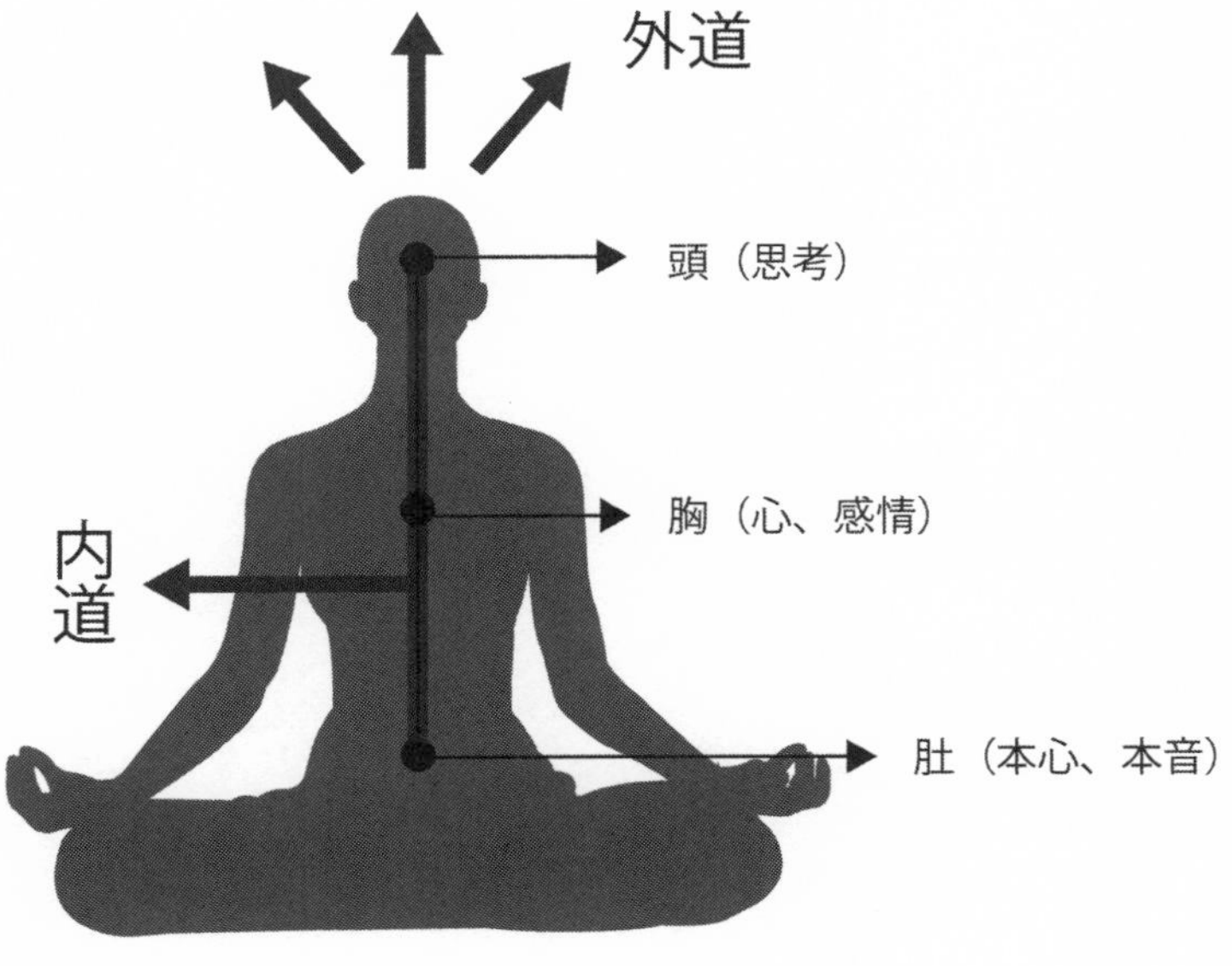
外道
頭（思考）
胸（心、感情）
内道
肚（本心、本音）

宇宙の働きに委ねる

人は心に抱いたイメージを現実化する力があります。そのイメージを現実化するためには、日々、心の中でイメージを何度も繰り返し感じる訓練をすることです。

理想のイメージを感じると、心の周波数が上がってきます。その周波数が、似た周波数の出来事を引き寄せてきます。

大事なのは、その周波数で長く居続けることです。

ところが、具体的に「どうすればいいのかがわからない」と疑問が出てくると思います。この疑問に対する結論は、「それは、わからなくていい」のです。

なぜかと言うと、今から経験しようとすることは、今までに経験したことがない領域のことだからです。何をしたらいいかわからないのは、当然です。わかっていれば、既に実行しているはずですから。だからこそ、今はわからなくていいのです。

ただ、その理想のイメージの周波数上に居続ければ、どうすればいいのかはわかってきます。あなたが理想の周波数上にいる時、それに見合う出来事や情報がやってきます。その出来事や情報をあなたに届ける存在は宇宙なのです。

だから、**宇宙の働きを信じて、委ねてください。**

宇宙は、あなたにインスピレーションを与えることもあれば、その理想を現実化するのに必要な人や出来事、チャンスをもたらすこともあります。

その啓示を受け取ったら、行動することです。思い立ったが吉日。即行動することで、現実化を早めることができます。

一方で、**気は進まないけれど、やった方が理想に近付きそう……みたいなことは、止めた方が良い。それは、頭で判断している可能性が高いからです。自分の内側、肚から「やりたい」、「ワクワクする」、「気が乗る」ことをトライするとうまくいきます。**

また、難しいのは、頭では「やりたくない」けれど、肚の声は「やりたい」と思っているケースです。

例えば、「それはうまくいかなかった」、「これはやっても無駄」という過去データが入っていたり、頭で苦手意識を持っていることなどがあります。この時も、肚の声を感じることを徹底してみてください。

以前やって、うまくいかなかったとしても、それは過去の話。今とは全く関係がありません。トライしてみて、ダメだったとしても「良い経験ができた」と思えばいいのです。そのくらい、気軽に、気楽に取り組んでみてください。

望む未来への具体的な道を歩んでいく中で、私たちは様々な経験を味わいます。あなたにとって、いいことも、わるいことも、両方起こるでしょう。

自分にとって「いい」と感じられる出来事、人々は、自分を高めてくれる「陽」の存在です。しかし、陽に偏り過ぎると、時に人は慢心し、天狗になります。そうすると、伸びに伸びた天狗の鼻がへし折られるような出来事が起こります。

どんなに持ち上げられても**「ありがとうございます」「みなさんのおかげさまです」という、感謝の心を持って、謙虚に生きていたら、慢心したり、天狗になってしまうことは起こりません。**

　一方で、嫌な出来事、人々は、自分を深めてくれる「陰」の存在です。陰に偏り過ぎると、人は落ち込みます。その時、ぜひ**「すべてはよくなるために起きている」と、唱えてみてください。**すると、徐々に捉え方が変化していきます。

　落ち着いて冷静になると、陰の出来事や人々からも、新たな気付きや発見を得ることができるようになっていきます。

　本来、目の前に起こる出来事に「いい」も「わるい」もありません。すべては、あなたが目の前の出来事をどう捉えているか、です。すべては、あなたが成長し、理想を現実化していくために起きているプロセスです。陰陽、両方の経験から、様々なことを吸収し、学んでいきましょう。

自責で捉え、自由に理想を描くためのヒント

人生は、選択の連続。

何かを判断する時、頭で考えるのではなく、

肚の声を感じてみましょう。

第4章

理想を現実化する「習慣の力」

潜在意識の罠

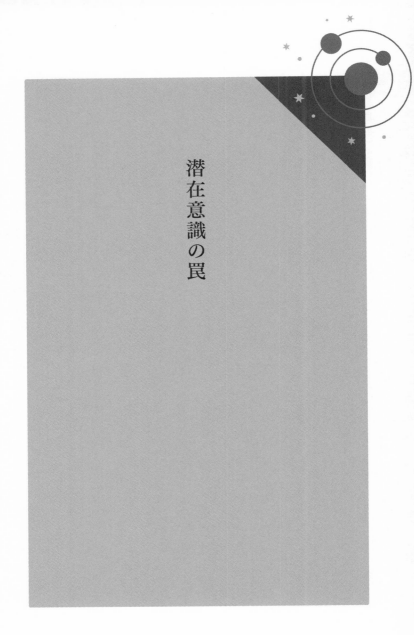

ここからは、潜在意識を活用して、理想を現実化する段階に入っていきます。

潜在意識を活用するためには、波動を上げ、全て自分が創り出していると捉えられることが絶対条件です。

「顕在意識」と「潜在意識」という概念についてご紹介します。

顕在意識とは、「思考」に近いものです。もっとわかりやすく言うと「有意識」と表現しても良いかもしれません。

一方で潜在意識は、私たちがそれこそ潜在的に感じていること、思っていることを指しています。敢えて言うなら「無意識」の領域と表現しても良いでしょう。

『思考は現実化する』という書籍があります。この本は、一九二八年にナポレオン・ヒルという方が書いた本です。彼は、実に五百人以上の成功者にインタビューを行い、その成功法則をまとめました。その内容が、この本にまとまっています。

その内容は、邦題の通り『思考は現実化する』ということ。こう書くと、「じゃあ、一億円手に入る、と思ったら、現実化するんですよね？」という人がいます。これは、正しいとも言えるし、間違っているとも言えます。

結論を先に言うと、現実化するのは「顕在意識」ではなく「潜在意識」なのです。つまり、顕在意識（有意識）で「一億円手に入る！」といくら思考しても、潜在意識（無意識）に「どうせ無理」という情報が入っていたならば、それはどんなに頑張っても手に入れることは出来ないのです。

言い換えると、顕在意識がどれだけポジティブであったとしても、潜在意識がネガティブであれば、そのポジティブさは打ち消されるのです。

じゃあ、潜在意識を変えれば現実化するんだな、と思うでしょう。その通りです。ところが、この潜在意識を変えるところで多くの人がつまずいている、とわたしは感じています。

潜在意識には「過去の習慣を繰り返しやすい」という特徴があります。これは、人体の構造とも関連しています。

人間には、ホメオスタシス（恒常性維持機能）という機能が生まれながらにして備わっています。難しい言葉が出てきたなと思ったかもしれませんが、内容は簡単です。

例えば、あなたは気温が高くなったら汗をかきませんか？　これも立派なホメオスタシスです。気温が高くなって体温が上がり過ぎると、人体に悪影響を及ぼす。そのため、汗をかいて体温を下げようとする。つまり、環境の変化に合わせて、現在の自分の状態を保とうとする機能です。

私たちが生きていく上ではとても有益な機能ですが、理想を現実化しようとする時には、このホメオスタシスが悪影響を及ぼすことがあるのです。

何か理想を現実化しようとする際、新しいことにチャレンジしたり、新しい発想や思考習慣に切り替える必要があります。

ところが、潜在意識は変化を好みません。どうにかして、現在の自分の状態を維持しようとします。ホメオスタシスが発動するわけです。もう少し解説すると、現在の状態とは、人体（わたしやあなた）にとっては安心・安全な状態です。なぜなら、これまでの習慣で今までの状態を維持してきたからです。ですから、今までとは違うこと、新しい発想や思考に切り替えることは、潜在意識的には「危険なこと」と判断するのです。だから、潜在意識は今までの習慣を繰り返したがるという特徴があるのです。一種の「生活習慣病」とも言えます。

潜在意識を変えるのは不可能なのか？　というと、そんなことはありません。では、どうしたら良いのでしょうか。

それは、節目ごとに自分が望む「新しいこと」を潜在意識にインプットすることです。

自分が新しいことに挑戦する段階にあればあるほど、潜在意識は過去の状態に戻そう、戻そうとします。「これはあなたには無理ですよ。初めてやることだから、出来ませんよ。

出来なくても仕方ないですよ」と、過去の状態に戻そうとする。これは、人間の機能上そうなっているので、仕方がないことです。

しかし、ここであなたが「そうだよね」と思ってしまったら、結局元の自分のまま、変わらないのです。

もう、既に「そうなっている」

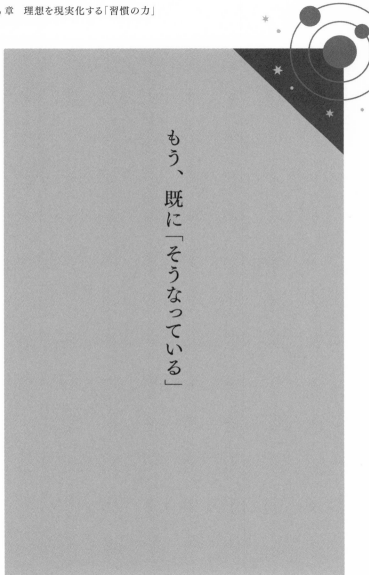

「矢は的に中《あた》ってから放つ」という言葉があります。これは、縄文エネルギー研究所・所長である中山康直氏の言葉です。

弓道やアーチェリーをイメージしてみてください。弓を引き、そして放った矢が的に中る。これが普通のことだ、と皆さんは思われるでしょう。でも、理想を現実化するために潜在意識を活用する際には「矢は的に中ってから放つ」のです。

自分の肚、自分の中心で思いたいこと・思っていること、つまり理想の状態になって、「もう既にそうなっている」という意識を持って、行動する。

こうすると、今のあなたの周波数は、あなたが現実化したいと思っている理想の周波数と一致します。この状態で居続ければ、自ずとあなたの理想は現実化します。これは、

『引き寄せの法則』でも言われていることです。

最も大切なことは、「もう既にできている・なっている、自分の理想、現実化したいことが既に実現している」とイメージができた上で行動することです。

これは、いくつか興味深い例があるので、ご紹介しましょう。

まず、二〇一四年にロシアのソチで開催された冬季オリンピック、男子フィギュアスケートで金メダルを獲得した羽生結弦選手。彼は大会に向かう飛行機の中で、最高の演技をした自分をイメージし、感動のあまり泣いたと言われています。そしてその感動は、実際に本番でイメージ通りの演技を披露し、金メダルを獲得した時よりも大きかった、とも語っています。

もう一つの例は、プロゴルフの歴史上、最も偉大なプレイヤーとの呼び声も高いジャック・ニクラウス選手。彼はプレー中、ボールがどのように飛んで着地し、どこに転がっていくかを鮮明にイメージできるまで、クラブに触らないそうです。彼はこれを**「映画を見ているように」**と**表現**しています。そしてこのイメージ力に長けていたがゆえに、数々の大会で栄えある成績を残し続けてこられたのです。

「既にそうなっている、そうである」という状態に自分の身を置き、そこから行動を起こす。これがいかにパワフルで、理想を現実化するのに効果的なことか、お分かりいただけたのではないかと思います。

また、**「中《あた》る」とは、自分の肚、中心と一致している生き方を指します。つまり、自分の内なる声に従って生きているという意味です。**

そして、**もう一つ大切なことは「観続ける力」です。**

この世は物質化するまでに、多少の時間差があります。どれだけ鮮明に理想の未来を描いたとしても、それがいつ現実になるかは、私たちには明確にはわからないことがほとんどです。しかし、大切なことは「まだ現実になってない」ではなく「周波数上もう既にそうなっている」と思うことです。**理想の未来に自分を合わせている時間が長いほど、理想の現実化は早まります。**

例えて言うならば、**毎日カーナビに目的地をセットし続けることです。自分はどこに行きたいのかを常にチェックし、観続けるのです。**目的地にたどり着くまでには、ひょっとしたら、通行止めがあるかもしれません。荒れたオフロードを進まなくてはならないことが起こるかもしれません。どう見ても、行き止まりに見えることもあるかもしれない。それでも、**自分が進む道、自分が目指す目的地をブレずに観続けられるか。それが、**

理想を現実化するために最も大切なことなのです。

【理想を現実化するプロセス図】

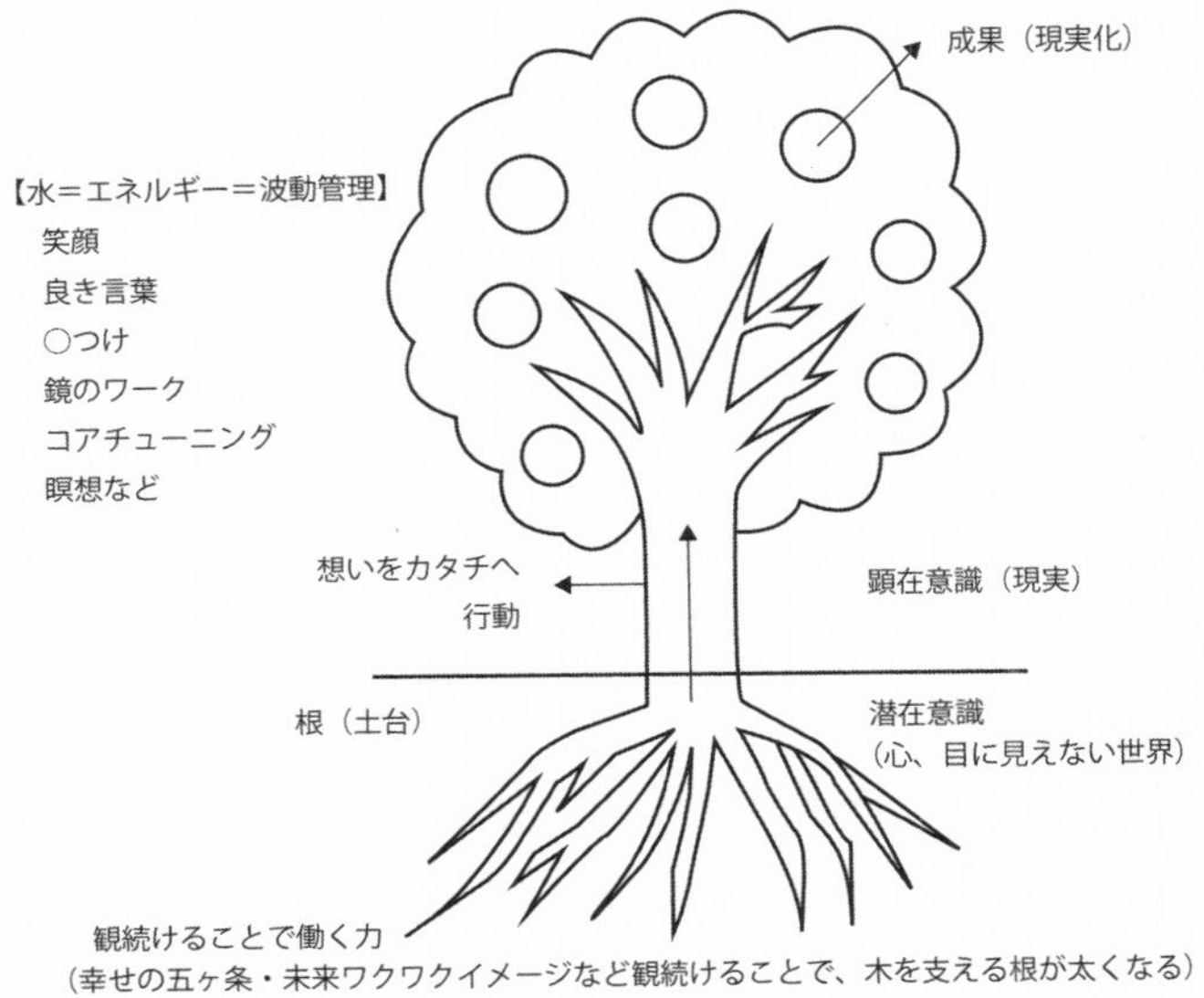

果報は寝て待て
ならぬ、果報は練って待て

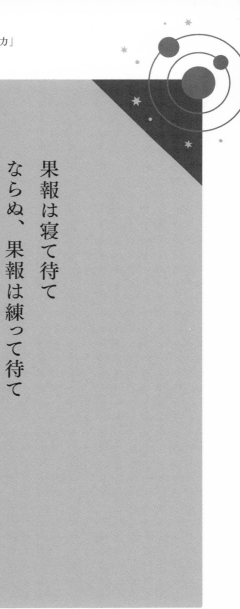

無意識・潜在意識の情報が、目の前の現実を創り出します。目の前の現実は、自分の中の無意識・潜在意識を反映したものであると言えます。あなたの目の前で起きている現実は全て、あなたの無意識が創り出しているのです。

潜在意識とは無意識。無意識とは習慣でできあがり、自分の癖となります。無意識のデータが自分の理想と一致していないと、どんなに努力しても習慣=無意識に負けてしまうのです。

現在から理想の未来を描こうとする時、多くの人が過去の成功や失敗の経験、記憶、外からの情報、一般常識といった、いわゆる「過去データ」を参考にしようとします。「これまではこうだったから」「今までこうしてきたから」「こうしてうまくいったから／うまくいかなかったから」といった過去データで、未来を描こうとすることが多いのではないかと思います。

未来の可能性は無限です。一方で、一個人の過去データに合わせて未来を描いた瞬間、想像は非常に狭い枠の中に限定されてしまいます。結果として、理想の未来は現実化しない、あるいは非常に現実化しにくくなってしまうのです。

それよりも、無意識・潜在意識に自分の理想をインプットすることで、自分が理想とする未来を現実化することができます。

では、具体的にはどのように潜在意識を活用すればよいのか。具体的な取り組みについてまとめてみたいと思います。

まず、**自分の理想を観続け、潜在意識を書き換えるには、エネルギーが必要です。**自分自身のエネルギーが低い状態だと、理想を見ても現実化しません。これに負けないいためには、自分の波動を上げておくこと。これが絶対条件です。

そのためにも、第1章と第2章で自分の波動を上げ、整える方法をご紹介してきました。これらの取り組みを、とにかく続けていただきたいと思います。そうすることで、自ずと自分の中にエネルギーが溜まっていくのを感じられるはずです。

自分を良い状態、エネルギーの高い状態に保つことができたら、理想の状態になっている自分をイメージして、そこからさまざまな行動を起こしていきます。**ポイントは「既にそうなっている」と何度もイメージすることです。**そうすることで、理想が現実化している自分が、ある意味タイムマシンに乗って現在まで戻ってきて行動している、というような状態になると思います。これができれば、しめたものです。

さらに、**潜在意識を活用するためのゴールデンタイム**があります。それは、**朝起きた**

直後と、夜眠る前です。

ほとんどの人が、朝なんとなく起き、一日をスタートさせています。眠る時も、何も意識せずに眠りについていることが多いのではないでしょうか。これは、大変もったいないことです。潜在意識を意識的に書き換え、習慣化するためには、朝、今日一日をどう生きるかを決める。もちろん、理想に近付く一日にするために、何をするかを決めるということです。

そして夜は、一日を振り返り、理想に近付く行動ができたかを感じるのです。反省もあるでしょう。しかし、向上心があるからこそ、反省が生まれるのです。ですから、反省している前向きな自分を褒めるのです。そして、明日や未来の希望、経験したい幸せや理想を描き、その状態で眠りにつく。こうすることで、潜在意識にどんどん自分の理想がインプットされていきます。

もちろん、過去の習慣や癖が顔を出すこともあるでしょう。そこにフォーカスして嫌な気分になることもあると思います。それは、仕方がないこと。大事なのは理想を観る、希望を観る。意識を転換させることが重要なポイントです。

もし、あなたが「行動はしているのに、思うような成果が出ない」と思っているとしたら、それは順番を逆にしている可能性があります。

理想を観続けることなく行動しても、徒労に終わります。また、自分のエネルギーを高く保っていないと、理想の現実化が早まることはありません。

理想の未来を観続けて行動していると、なぜかそういう流れになったり、誰かがお膳立てをしてくれたり、ということが自然と起こります。これを「他力」が働く、と呼ん

だりします。理想の未来を観続け、そこにエネルギーを注ぎこんでいると、自分の力＝自力以外の力が働くのです。

だからこそ、慌てず騒がず、自分の波動を上げること、そして、自分の理想を観続けることを訓練し続ける。ここに重点を置いて取り組んでいただければと思います。

果報は寝て待て、ならぬ「果報は練って待て」なのです。

定めたものが運命《さだめ》となる

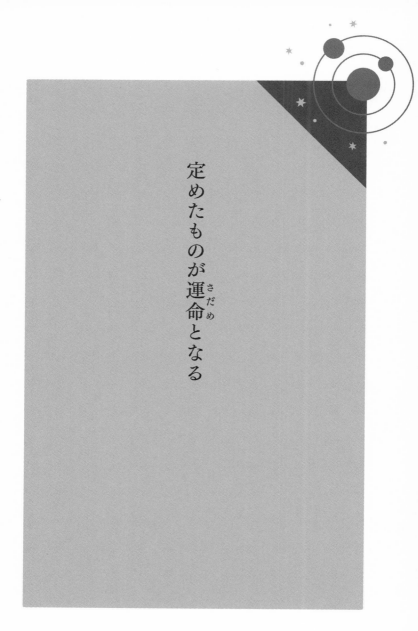

理想を観続ける力は絶大です。その上で、自分にとっての理想と幸せな状態を理解し、それを潜在意識にまで落とし込むための具体的な取り組みを紹介します。

それは、**「幸せの五か条」**というものです。

これを発案したのは、私の恩師であり、「宇宙経営」を提唱されている平井ナナエさんです。

ナナエさんは十代で結婚し、三人の娘を授かりましたが、数年後に離婚。シングルマザーとして三人の子どもを一人で育てました。そして、紆余曲折ありながらも速読のメソッドと出会い、二〇〇五年に『楽読』を創業。速読教室のフランチャイズビジネスを全国展開し、成功を収めました。

二〇〇九年、会社が経営不振に陥り、資金がマイナス二〇〇〇万円という状態にまで落ち込みました。この状況下で、ナナエさんは「幸せの五か条」のワークを創り出したのです。

このワークを活用することで、たった一か月で返済に全く困らなくなり、それ以来、一度もお金で困ったことはないそうです。それだけパワフルなワークなのです。

幸せの五か条とは、①仕事、②お金、③パートナー（ビジネス・恋人）、④家族、⑤健康、この五項目について、自分自身が理想とする状態を書くことです。

どのくらい書けば良いですか？　と聞かれることがありますが、どれだけ書いても構いません。自分が理想とする状態ですから、思いっきり理想を描いてみてください。

ところで、なぜ、この五項目になっているか、と思われる方もいるかもしれません。それは、この五項目全てが理想の状態になっていれば、ほぼあなたは幸せな状態になっているはず、という仮定で作られています。裏を返すと、この五項目のいずれかが理想の状態になっていなければ、あなたは百パーセント幸せではないかもしれない、ということです。

例えば、お金の理想が「一億円手に入る」だとします。でも、それが家族の誰かが死んで、保険金やお見舞金で手に入ったお金だとしたらどうでしょう。あるいは、その一億円が手に入ったために、パートナーとの関係がギクシャクしてしまったら？　もちろん、自分自身が健康を害して、その保険金としてお金が手に入ったとしたら……。その状態は、決して百パーセント幸せとは言えないでしょう。

この五か条を書いてみることで、まず、あなたがあなたの「幸せ感」を知ることができる、これが大きなポイントだと思います。

あなたはどんなことに幸せを感じる人なのか。何が自分にとっての幸せにつながっているのか。どういう状態でいることが理想なのか？　を可視化できるわけです。もちろん、書いてみて「違うな」と思えば、しっくりくるまで何度でも、書き直し、書き換えてみてください。あなたにとっての理想を描き続けることに意義があるのです。

そして、幸せの五か条を書き続けることで、それが徐々に潜在意識を書き換えていくことになります。その状態でいる時間が長ければ長いほど、理想が現実化する。この幸せの五か条を書いている間、理想の状態に自分の心身を置いていただきたいのです。

「順番はどうしたら良いですか？」という質問を受けることがあります。これについては、**あなたが一番注力したいこと、また、「これが上手くいけば、全て上手くいく」と**

思えることを最初に持ってきます。ボーリングでいうところのヘッドピンです。

二〇〇九年当時の平井さんは、まず「仕事」、次に「お金」の順番だったそうです。返済のためにお金が必要だとすれば、最初に「お金」を持ってきたでしょうが、平井さんにとってはみんなの幸せ、やりがいのある職場を創ることが目的だったので、最初に「仕事」を置いたのだそうです。

お金が手に入れば全て上手くいく、と思えるのならば、お金。仕事が上手くいけば、万事上手くいくと思えるならば、仕事。パートナーとの関係が上手くいけば、何もかもスムーズに進みそうだと思えば、パートナー。順番に決まりはありません。あなたが「そう思う」と感じられる順番で書いてみてください。

書いているうちに、順番が変わったり、理想の内容が変わることもあるでしょう。それも、認めてあげてください。最初に思っていた理想が現実化すると、次のステップに進みたくなるのは当然です。**最初に決めた五か条にこだわるのではなく、あなたが、今、自分にとっての理想はどんな状態かを感じて、しっくりくる順番で書いてください。**

幸せの五か条を書いていると、書き続けられない、あるいは書けないと感じる方もいるかもしれません。例えば、お金を稼ぐのに慣れていない人が「〇千万円稼いでいます」と具体的に書いてしまうと、潜在意識が反発し、書くこと自体に抵抗を感じることはよくあります。ですから、まずは続けるためにシンプルに書くことをおススメします。

例えば、「お金　充分ある」「仕事　上手くいっている」「健康　いつも元気」「パートナー　調和しています」「家族　和気あいあい」こんな書き方で大丈夫です。

幸せの五か条を書き続けることで、理想の状態を観続け、意識をそこに合わせて、自分を理想の状態に居続けさせることができる。大げさに言えば、これだけで理想は現実化できます。

理想を現実化するための「幸せの五か条」の書き方や詳しい実践方法もリターンスクールでお伝えしています。

潜在意識を活用し、理想を現実化するためのヒント

- 「もし、何でも許されるとしたら、どういう状態が理想か?」と自問自答し、そうなった状態をイメージしてみましょう。
- 朝、今日一日どう生きるか、どんな一日にしたいかをイメージしてみましょう。
- 夜、一日をどう生きたかを振り返り、理想の状態をイメージして眠りましょう。
- 幸せの五か条を実践してみましょう。

第5章

自分の素材を知る

神さまから与えられた才能

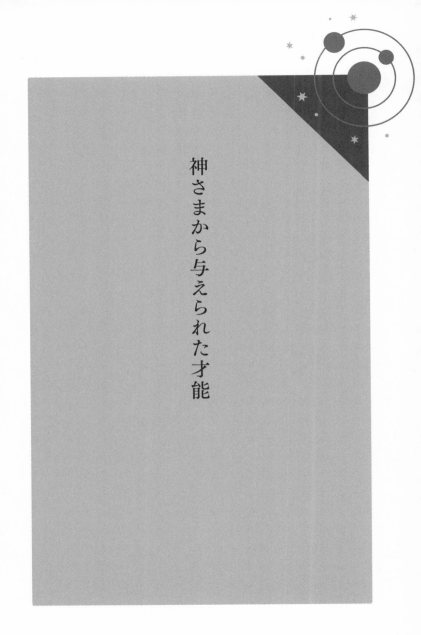

波動を上げ、目の前で起きていることは全て自分が創っている、自分の責任だと捉え、潜在意識を活用できるようになってくると、目の前で起こる現実が変わり始めます。そうすると、「あなたにはこんな才能があるよね」と、周りの人から言われるようになります。

しかし、あなたには自覚がない場合も多々あります。人からは褒められるし、強みだよねと言われるけれど、本人は無意識にやっていること。実は、それこそがあなたの才能の種なのです。

もう一度言いますね。

無意識にやっているし、頑張っていない。でも、すごい。あるいは、それをしていることが好き。それがあなたの才能です。努力はしているかもしれないけれど、ものすごく頑張ったかと言えば、そうでもない。好きだからできちゃう、というもの。それこそが、あなたが神さまから授かった才能です。

では、どうやって自分が神さまから授かった才能を見つけていけばよいのか。その第一歩は、自分の「好きなこと」に目を向けることです。

自分が好きなもの、好きなことって、あまり頑張って身に付けたり、取り組もうとしないですよね。好きだから、自然と上手くなりたくて努力をしたりはするかもしれないけれど、その大元には「好き」がある。だから、努力も苦にならない。

絵を描くのが好きな人は、放っておくと、いくらでも絵を描いている。そして、上手くなるための努力を惜しまない。歴史が好きな人は、歴史について調べることが苦にならない、というより、それが楽しくて仕方がない。

人は、嫌いなもので才能が開花することはまずありません。好きでも嫌いでもないものも、極めて確率は低い。だからこそ、まずは自分の「好き」を認識すること。そうすると、「どうやら自分はこういう才能がありそうだ」と気付き始める。

そうしたら、ある意味自分をプロデュースするように、どうすれば自分の才能が発揮できるか、十二分に活かせるかを意識できるのです。そうすると、徐々に自分の命の使い方、つまり自分の「使命」が見え始めてきます。

例えば、わたしは学生時代、音楽をやっていました。ジャンルはヒップホップで、ラッパーとして活動をしていました。

ヒップホップは一九七〇年代、アメリカのニューヨーク、ブロンクスという貧民街の若者たちが始めた音楽であり、カルチャーです。このヒップホップのルーツを辿っていくと、ジャマイカ発祥の音楽、レゲエに大きな影響を受けていることがわかりました。そこから私は、レゲエ音楽も聞き始めます。

そうすると、レゲエはどういった音楽に影響を受けてきたのかが気になり始めました。調べてみると、ロックやブルース、ソウルの影響を受けているらしい……ということがわかりました。さらにそのルーツを自分なりに辿ってみると、アフリカの原始的な音楽にたどり着きました。

このように、ルーツを辿り、それを伝えるのが私の才能だと感じています。

現在の私の活動もまさにそうで、人間の顕在意識、潜在意識を学んでいくと、そのさらに奥には深層意識というものがあると知りました。そして、「普遍的無意識」や「宇宙意識」という領域を知り、その領域を研究し、伝えることが今のわたしの役割です。

こうした「なぜか気になる」「理由はわからないけど、好き」ということは、皆さんの中に必ずあります。それこそが、あなたの才能の種なのです。

最高の人生の台本

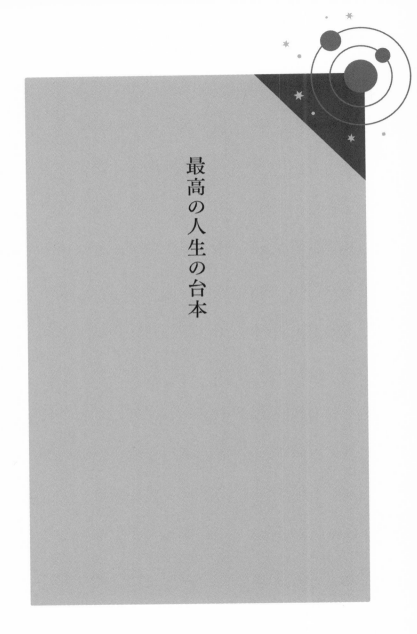

あなたの人生の脚本家はあなたであり、あなたの人生の映画監督はあなたであり、その映画の主演俳優・女優もあなたです。

あなたはこれからの人生をどう生きたいですか。何を体験したいですか。何を得たいですか。自分自身が体験したい未来の台本を持っていますか。もし、その台本を持っていなければ、最高の人生の台本を持ってみませんか。

自分のワクワクに、遠慮はいりません。とにかく自分にとって最高の理想を描いてみてください。どんな生き方をしていきたいのか、どういう自分で在りたいのか、行ってみたい場所、やってみたいことは何か。どこに住み、誰と一緒にいて、どんな生活をして、どんなことをして日々過ごしたいのか。

想像の翼を大きく広げて、自分が死ぬまでの理想の人生を、思うがままに、自由に描いてみてください。行動する前に、先に想像するのです。理想をイメージするとワクワクしませんか。先に、その波動になってしまう。先に手を打つ。これぞまさに「先手必勝」です。

効果的なのは、目に見える形で作ることです。スケッチブックに自分で絵を描いても良いし、理想のイメージに近い写真を貼ったりするのもいいです。

何ページにもわたって作っても良いですし、大きな一枚の紙に、自由に理想を描いても良いでしょう。途中で理想が変わっていっても、もちろん構いません。誰にも遠慮せず、自分の理想を全開にして、そのストーリーを創ってみてください。

理想は、描くこと、イメージすることでさらに深く潜在意識に入っていきます。そのインプットを繰り返し、繰り返し行うことで、潜在意識が書き換わっていくわけです。

ポイントは「どうやって？」を、今は考えないこと。プロセスは後から必ず渡されます。「こうしないと、こうならない」というのは、過去データからの思い込み、固定観念に過ぎません。未来は、どんな可能性をも秘めています。その可能性を閉じるのは、あなたが過去データから未来を描こうとした時です。

家を建てる時も、土台となる基礎がしっかりしていないと、いい家とは言えません。同じことで、大きな理想を描くためには、盤石の基礎が必要。土台作りは一番時間がかかります。逆を返せば一番時間をかけるべきところ。この土台が弱いとその上に建てられた建造物は砂上の楼閣のように脆く崩れ去っていきます。しかし、しっかり作られた土台はそう簡単に崩れたりはしません。

何度も何度もこの本を繰り返し読んでいただき、ワークも何回でもチャレンジして取り組んで、あなたにとって最高の理想を現実化していただきたいと思います。

人生は思った通りになる
そして人生は思った通りにならない

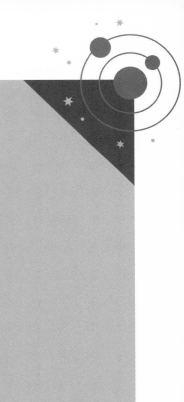

人間には、心に抱いたこと、思考したものを現実化する力があります。つまり、どんな人でも自分の理想を叶えることができます。あなたの人生は、あなたが思った通り、言葉の通りになるのです。

一方で、人間の人生には「思った通りにならない」こともたくさんあります。

結果的に思い通りになった出来事であっても、思い通りのプロセスではないことの方が大半です。ある日突然、兆候が訪れ、思いもよらない形で自分の理想が現実化していく。実は、こういうケースがほとんどです。

だからこそ、人生は思った通りになるし、思った通りにならないのです。

また、あなたが思ったこと、言葉にしたにもかかわらず現実化しないものは、実はあなたにとって「必要のないもの」かもしれません。

もちろん、無意識、潜在意識に自分が「望まないこと」の情報が入っているケースもあります。しかし、ここまで潜在意識を活用し、理想を現実化する方法を学び、実践してきたにもかかわらず、理想が現実化しないとしたら。それはおそらく、あなたにとって「本当は必要のないもの」である可能性が高いと言えます。

私たち人間は、頭脳で思考する生き物です。他人と比べたり、自分が本当に欲しいと思うもの、幸せだと思うもの以外に目がいったり、心が奪われたりします。それは、決して悪いことではないし、人間である以上当たり前のことです。しかし、それはどれほど思い、願い、言葉にしたとしても、現実にはならない。なぜなら、あなたの肚が「必要ない」と知っているからです。

あるいは、**本当は自分に必要のない「理想」を、思念の力で半ば無理やりに現実化させることもあります。しかし、「無理が通れば道理が引っ込む」ということわざがあるように、自分の肚（宇宙）が「必要ない」と思っていることを無理に現実化すると、必ず歪みが生じます。**

ここで大切なのは「執着しない心」です。

あなたの肚、言い換えれば「内なる自分」は、あなたにとって本当に必要なもの、あなたが本当に望むこと、あなたの本当に幸せな状態を知っています。本当に必要なものはすべてわかっているからこそ、あなたに必要ではないものは、あなたの手元にはやってこないのです。

「道理」とは、内なる自分の声を大切にする生き方なのです。

あなたの目の前で起こる全てのことは、完璧です。理想が現実化することも、現実化しないことも含めてです。

人間は「思い」を持つからこそ喜び、また、苦しみます。極端な話、思いを持たなければ、喜びにも苦しみにも、何物にも囚われることはありません。もちろん、人間である以上、思いを持つものです。しかし、自分の思いに執着しないことが重要です。その思いが薄くなり、無くなった先に、内なる自分の「祈り」が存在します。

内なる自分とは別の言い方をすると、内なる神性、真我、ハイヤーセルフ、深層意識、そして宇宙意識などです。

祈りの力は、普遍的なものです。心の最も深いところ、最奥に存在する本当の自分の願いを「祈り」と言います。

人によっては、自分が光となって世の中を照らし、明るくすること。あるいは、人々が幸せであること。生きていることのありがたさを感じながら日々を送ること。こうした祈りの心が、人間の心の最奥には眠っています。これこそが、偉業を成し遂げてきた人々が大切にしてきた心なのだと思います。

自分の最奥に存在する内なる自分の声に従って生きると、無理がなく、真に幸福な人生を享受できます。自分自身はもちろん、自分に関わる人々も、より幸福度の高い人生が歩めるとわたしは信じています。

祈りの心は、エゴを離れます。そして自ずと、利他の心に変わっていきます。真の理想の現実化とは、本来あるべき姿である内なる自分の願いを叶えていくことだと思います。

最も素晴らしいこと。それは、内なる自分と共に生きること。

潜在意識を活用し、理想を現実化するためのヒント

- 自分の好きなもの・こと、できることをできるだけ書き出してみましょう。
- 自分では頑張っていないのに人から褒められること、無意識にやっているのにすごいと言われることを書き出してみましょう。
- 「最高の人生の台本」を創ってみましょう。

実録

人生が大きく変わった奇跡の物語

「不幸のデパート」から
笑顔溢れる幸福のデパートへ

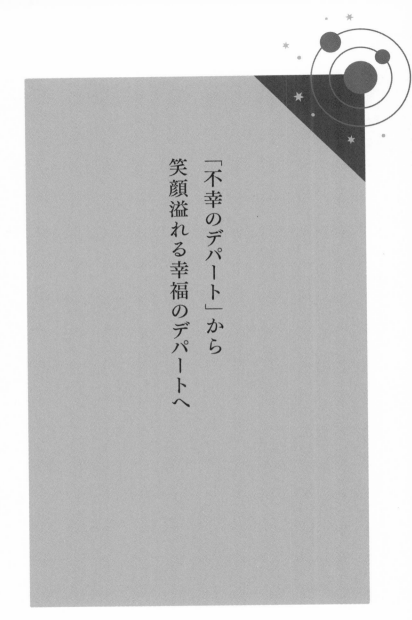

最終章となるこの章では、リターンスクールで大きく人生を転換させた足立英子さん（英ちゃん）のお話をご紹介したいと思います。

リターンスクールとは、六か月間にわたってここまで取り組んできたような潜在意識を書き換えるためのワークショップと、セッションをしていくプログラムです。

わたしが英ちゃんのお話を聞いたのは、二〇一七年のこと。リターンスクールの出発（卒業）生の中から、人生を大きく変化させた方々五人にお話を聞くという『リターンプレゼンテーション』という大会の第一回目の、発表までのお手伝いをさせていただいたのがきっかけです。

英ちゃんはありとあらゆる不幸を経験した「不幸のデパート」のような存在だと聞いていました。実際にお話を聞いてみて、これは本当にすごいなと思ったのです。そして、皆さんに英ちゃんのことを知ってほしいなと思いました。

あまりにも壮絶な過去で、一つ一つの出来事を掘り下げていくと、それこそどれだけページを費やしても足りないくらいなので、今回はどうしてもダイジェスト版でお伝えしたいと思います。

学校でも家でも、心が落ち着かない日々

英ちゃんは福岡県に生まれました。物心ついた頃は天真爛漫で、好きなものは好き、嫌いなものは嫌いとハッキリ言う子どもだったそうです。

しかし、厳格なご両親の下、あれはダメ、これはダメと言われる幼少期を経て、小学校四年生の頃からはうつ病のようになり、それから自分を押さえつける日々が始まったと言います。

そして、小学校五年生の頃、いじめに遭います。クラス全員から、約一年間にわたって無視され続けながら、学校に通っていたと言います。

「当時は私の中に不登校、学校に行かないという発想はなくて、ただただ辛いだけで学校に行っていました」と、英ちゃんは当時を振り返ります。

事態は中学に入っても好転せず、親に対しても、先生に対しても、誰に対しても心を開くことができなくなってしまいました。中学二年生の頃には、クラスの中に居場所がなく、長い時間をトイレで過ごしていたそうです。表面上は友達がいるけれど、誰にも心が開けなくなっているから、ずっと「なんで嫌われたんだろう、なんでいじめられるんだろう」と模索し続ける日々。

さらに、中学三年生の頃、家庭にも不幸が襲います。実家の財産目当てで、遠い親戚がヤクザまがいの方を連れて座敷に上がりこむという日々が続くのです。これが毎日、三年ほど続いたと言います。訴えるには、証拠を集めなくてはならない。そのために、英ちゃんは座敷の様子をふすまの隙間から撮影するということをしていました。いつ見つかって追いかけられるかもわからない恐怖と共に。

さらに、中学校三年生で受験勉強をしていたら、親戚のおじさんが刃物を持って家に上がり込んできたから、近所の家に勉強道具を一式持って逃げた、という壮絶な経験もしているのだそうです。

中学校二年生から高校二年生くらいまでは、表向きは笑っているけれど、どうしたら自分も相手も心を開いて仲良くできるのだろう？　と考え続けていたと言います。

そんな日々から、高校三年生の時、「笑顔でいると、受け入れてもらえるし、自分も仲間の輪に入っていきやすい」と気付きます。だから、いつも笑っていたら「出た！英子スマイル」と言われるまでになり、逆にクラスの人気者になりました。

高校三年生の時には文化祭の企画で仲間たちと映画を撮影したり、楽しい毎日がやってきました。学業も順調で、幼稚園の先生を目指して、志望大学の入学試験を二週間前に控えたある日。不幸が再び英ちゃんの元を訪れるのです。

突然の事故、そして閉ざされた将来の夢

その時、英ちゃんは自転車に乗っていました。そこに突っ込んできたトラック。トラックに巻き込まれて自転車は踏みつぶされ、当時十八歳の英ちゃんは十メートル近く吹き飛ばされる大事故に遭いました。

「これは、無理かもな、って正直思いましたね。お父さん、お母さん、先に逝くけどごめんなさい……って、心の中で言ってました」。

救急車が到着。運ばれる頃には激痛で叫びだすほどではあったものの、病院に緊急搬送。ＩＣＵに入り、治療が行われました。

通常であれば、重体。助からないかもしれない……というほどの大事故。ところが、

英ちゃんは不幸中の幸いを引き寄せます。その日、その病院では全診療科の部長が集まる会議が行われていたらしく、通常では考えられないようなスタッフによる治療を受けることが出来たのだそうです。

無事に治療は成功し、一命こそ取り留めたものの、骨盤は潰れて折れ、身体の中枢を支える仙骨も骨折。股関節も外れ、足の長さが左右で違う状態。「歩くどころか、座ることもできないだろう」と術後は言われていたというのに、英ちゃんはなぜか座れるようにもなり、後々歩くこともできるように回復しました。

後日、専門家からは「仙骨が折れて生きている人を見たことがない」と言われるほどの珍しいケース。英ちゃんは、まさに九死に一生を得る経験をしたのです。

しかし、普通の生活が送れるようになった英ちゃんを待っていたのは、つらい宣告でした。「幼稚園の先生は、あきらめるように」という医師からの言葉。大きなケガを負ってしまったため、子どもを抱えるような仕事は無理。さらに、三十歳くらいにひどい神経痛が来る可能性がある。医師からこんな言葉を聞かされた十八歳の英ちゃんは、当然落ち込みます。「私の人生は終わった」と。

こう言われると、年を取るのが怖くなる。生きる希望も無くなる。大学を受験するも合格できず、一浪して、特に行きたくもない大学に合格し、進学します。

大学に入ったは良いけれど、何もない。夢も希望もない。親に押さえつけられていたことへの反抗もあり、家を出るために寮生活を始めますが、ほぼ寮には帰らず、夜な夜な徘徊する日々を過ごします。

でも、どこかで就職しなければ、という思いもあり、経理の専門学校に通って簿記の資格を取り、親のコネで千五百人くらい社員がいる会社の財務部に入社します。一見ラッキーに見えるここでも、大変な経験が英ちゃんを襲います。

従業員が千五百人もいる会社となれば、扱う金額は億単位。電卓では追い付かないから、算盤で計算しろ、と上司に言われ、毎日夜中の二時まで独学で算盤を勉強し、昼間は仕事をする毎日を過ごします。そして、少しでも間違えれば伝票を叩きつけられ、計算し直し。仕事と上司からのパワハラで、体重が三十八キロまで落ちてしまったそうです。

「当時は『寿退社するまで辞めてはいけない』みたいな風潮があったんですよね。転職という概念もほとんどない時代でした」

こういうことが積み重なって、英ちゃんのうつ病は重篤化していきます。毎日自分の中で「誰か殺して！」という心の叫びが聞こえる。布団から出られなくなり、夜は全く眠れなかったといいます。そして、母親にずっと付いていてもらわないと、精神的に不安定になる時期が三年ほど続いたと言います。

「その当時は本当に、お母さんがトイレに行くのも許さないくらい。部屋からどこかに離れちゃったら『どこにも行かないで！！』って叫んでた」

特に重症だったのが、二十六〜二十七歳の頃。息は出来ないし、過呼吸になって「死ぬ！！」と叫ぶので救急車を呼ぶけれど、病院に行ってしばらくすると収まる。何度も救急車を呼ぶのも……ということで、父親が英ちゃんを抱えて病院に駆け込むのが日常茶飯事だったと言います。

もちろん、入退院を繰り返す日々。父親がいない時には、いつでも病院に駆け付けられるように母親と車で寝泊まりしていたこともあると言います。

そして、拒食症。食事の味がしない。あるいは、砂の味がする。だから、食事ができない。当時の英ちゃんにとって食事は「地獄」だったと言います。点滴ばかりではよくないから、食べないといけないんだと思って、泣きながら「生きるためだ」と、必死に噛み、飲み込んでいたのだと言います。

常に不安が渦巻き、本人にとっても辛い現象が起こる。当時を振り返って「生き地獄」だったと英ちゃんは言います。でも、死ぬのは怖くて、死ねなかったのだと。

ここまででもなかなかの内容ですが、実は「不幸のデパート」はまだまだ続くのです。

結婚・出産からの寝たきり生活

三十歳になり、うつ病の症状が少し治まった時、英ちゃんは現在の旦那様と知り合い、結婚します。結婚し、子どもを授かり、幸せな家庭を築いていこう……という矢先に、旦那様がケガで会社を退職。転職した会社ではリストラに遭い、次の会社は倒産。生活は常に苦しい状態が続きます。

そして、姑の借金が次々と発覚。肩代わりのやりくりを英ちゃんがすることになり、生活はさらにどん底になっていきます。

二人目の子どもを出産した時は、出産後に体調が悪化し、四年半もの間動けず、ベッドの上で子どもを育てたという経験もあります。身体のどこかが悪いというよりは、精神が病み過ぎて、起き上がるのも辛い状態。下半身が痺れたり、胸が苦しくなったりという発作が日替わりで起こる毎日を過ごしました。

英ちゃんの状態が息子さんにも影響を与えていたのか、今度は息子さんが体調を崩します。小学校四年生の時、毎日給食を吐いてしまう、そして四〇度の高熱が一か月続くという事態が起きました。さらには、毎日コップ一杯くらいの血を吐いてしまう。病院に行っても原因がわからず、対処法がわからない。そんなことが重なって、息子さんは学校に行くことを止めてしまいます。

英ちゃん自身もストレスと過労で倒れそうになりますが、ここでも救いの手が差し伸べられます。息子さんの学校に、三十年以上にわたって不登校を始めとする生徒の問題に向き合ってきた大ベテランの保健の先生がおり、「家にいるより、保健室に連れてきてあげて」「保健室で血を吐いていいからね」と声をかけてくれたのだそうです。

この先生が「血を吐いていい」と言ってくれた時から、息子さんの吐血は収まり、徐々に学校にも通えるようになっていったのだそうです。

こうした状況の中、英ちゃんの中で「恨み」の感情が生まれ、それが全て義理の母親に向かいました。ひどい言葉を言ってしまった後、自分はあまりに醜く、この世から消えてしまった方が良いのではないか、といったことを考えるようになりました。

「自分を消してしまいたい」とまで思った英ちゃんでしたが、子どもがいたから、最悪の事態は避けられたと言います。そこから英ちゃんは、何とか自分を変えようと、色々な講演会やセミナーに参加したり、本を読んだりし始めます。

「講演会とかセミナーに行くと、最初はすごく盛り上がって、気分も良くなって、全て解決したような気持ちになるんです。でも、家に帰ると、またそこは地獄なんですよ。相変わらず貧乏だし、督促状はトランプのように並んでるし、お姑さんからも色々言われるし、何も変わってない。一時的には気分が上がるけど続かない。そんなことを繰り返していましたね」

しかし、「今振り返って考えてみると、その当時の経験が土台になっていた、本当に感謝です」と英ちゃんは言います。

こうした状態を二年ほど続けたある日、「本当にこれで最後にしよう」と思って参加したセミナーで、ナナちゃんこと平井ナナエさんの話を聞くことになります。

「ナナちゃんのことは、ある方のメルマガや講演会で聞いていて、知ってはいたんです。ナナちゃんは、もう何でもオッケーの人だと。誰かが突拍子もないことや、**変なことを**

言っても全て『ええやん』、『それ、ええやん』と受け止めてくれると。私は、今まで『あれはダメ、これはダメ』と、めちゃめちゃ抑えられてきたと思っていたから、何でも『ええやん』って言ってくれるというところに惹かれたんですよね」

英ちゃんの運命を変える出来事は、さらに続きます。ナナちゃんが佐賀で講演会を行うという情報を知った英ちゃんはその講演会に参加。そこでリターンスクールの存在を知ります。

「当時はまだ借金まみれで、リターンスクールを受講するお金なんかない状態。でも、後にも先にもこの一回だけ、私の母がお金を貸してくれたんです。そのお金を使って、私はリターンスクールを受講することが出来たんです」

リターンスクールでの大きな変化

リターンスクールの一回目。英ちゃんは、自分の過去を話しました。そして、自分が「汚点」だと思っていたこと、人を恨み、ひどい言葉をかけてしまったことなどを話しました。

その時、聞いている全員が英ちゃんを受け止め、否定せずに聞いていました。英ちゃんはそのことに驚き、感動したと言います。

「リターンスクールには、本当に否定する雰囲気がまるっきりなくて。私が意を決して話したことを、みんな『うんうん』と受け止めてくれて。さらには、私が自分を消したいとすら思ったほどの汚点を『大したことないやん』って。あっさり軽く言われちゃって（笑）。そこでもう、全てがひっくり返ったんです。オセロが全部、黒から白にパタッと変わったような感じ。私にとっての不幸が、一瞬で解消したんです」

リターンスクールという場で、自らを承認してもらえたことが、英ちゃんの大きな変化の第一歩になりました。英ちゃんはそこから力強く、自分の足で新たな道を歩みだします。

まず、鏡ワーク。この本でもご紹介した、鏡に映った自分を称賛するワークです。でも、英ちゃんにとってはこれが大きな難関でした。まず、自分が大嫌いだから、鏡で自分の顔を見ることが出来ない。鏡を見ると吐き気がする。

だから、まずはトイレや洗面所にある鏡をちらっと見て、逃げるように移動する。そんなレベルからスタートしたのだと言います。英ちゃんが素晴らしいのは、それを少しずつ取り組んでいったことです。

「聞いたまま、教えてもらったまま取り組もうとすると、私にはどうしてもハードルが高すぎた。だから、自分でもできるところまで下げて、最低限で良いからやってみる、ということを始めてみました」

鏡を見るのも嫌だったところから、鏡を見て、「おはよう」と声をかけてみたり、鏡の前で笑ってみたり。そうする中で、最初は鏡を見るだけで吐き気がしていたのが、徐々に収まっていったと言います。

さらに、リターンスクールの仲間たちの存在も大きかった、と英ちゃんは言います。

「リターンスクールでは、毎日朝と晩に、フェイスブックの秘密のグループに投稿をするんです。朝は、今日一日をどう生きるか、の宣言。そして夜は、今日一日を生きてみての振り返り。何ができたか、何が素晴らしかったかを振り返る。そうすると、私が投稿すると他のメンバーから『英ちゃん、いいね！』という応援のコメントが届くわけですよ。それが嬉しいいし、ありがたいから、吐き気があってもやらなきゃ、みたいな気持ちになりましたね」。

鏡ワークを続けているうちに、英ちゃんはこんなことも感じたと言います。

「ある日鏡を見ていたら、なんか、『自分』を初めて見たというか、向き合ったたっていう感じがして、ボロボロ涙が出てきて。『今までありがとうね』って。『今まで色々あったよね、ありがとう』って声を掛けちゃったもんだから、もう号泣で。でも、なんかそういうところから変わっていったというか、溶けだしていったというか。私の場合は、自分を好きになる、肯定するところからがスタートでしたね」

「継続する力」が奇跡を呼ぶ

わたしは、英ちゃんのすごいところは「継続する力」だと思います。**英ちゃんはリターンスクールのワークを受講中の半年間はもちろん、出発後も五年以上、毎日欠かさずに続けてきたと言います。**すごいこと、効果のあることをやらなくてもいい。むしろ、自分にできるレベルにまでハードルを下げてでも、毎日コツコツと少しでも取り組むこと。これが、奇跡を起こすために必要なことです。

その一例として、預金通帳のお話をしましょう。

英ちゃんはリターンスクール受講中も、まだ貧乏で、督促状が家にバンバン届くような状態でした。ある時、英ちゃんはナナちゃんに質問をします。

「どうしたら、お金が入りますか？」と。するとナナちゃんは「ええこと教えたろか」といい、通帳の下の方に、自分の希望の額を書いておいたらいいよ、といったのです。

英ちゃんは通帳の下に五百万円と書きました。当時、英ちゃんの通帳残高はマイナスです。でも、五百万円と書いた。通帳がいっぱいになり、次の通帳になっても、再び五百万円と書きました。

「普通の記帳欄に五百万円って書いたら、エラーで反応しなくなっちゃって（笑）。いつでも消せるように、下の方にえんぴつで書き直しました（笑）」

でも、心のどこかで「こんなことで、こんな額のお金が入るわけがない」と思っていたと言います。そして、五百万円を書き始めて三冊目の通帳の時、「もう、実際に手に入るとか、入らないとかいいや」と手放したのだそうです。もはや習慣として、五百万円と書いたのだそうです。

すると。三代目の通帳が半分くらいまで埋まった時、五百万円そのままの額が入ったのだと言います。

これも、「継続する力」が引き寄せたことだと、私は思います。そして、**英ちゃんが教えてくれていることは、ハードルを下げてでも、続けることが重要だということ。**自分の理想を描いて、そこに思いを寄せ続ける。良い時も、悪い時もある。できることも、できないこともある。それを認めて、できる範囲で取り組みを続けていく。その意識があったからこそ、英ちゃんは自分の人生をひっくり返し、『不幸のデパート』から笑顔溢れる幸福のデパートに変わっていったのだと思います。

もしかしたら、今あなたもとても苦しい状況にいるかもしれません。辛く、厳しい環境に置かれているかもしれません。でも、必ず光はあります。ぜひ、この本を何度も読み返して、各章にある取り組みを実践してみてください。もちろん、**ハードルを下げて構いません。書いてある通りではなくてもいい。ただ、自分を認め、好きになり、物事の見方を変えていくこと。そのことに集中してみてください。**

自分自身のエネルギーが満ちてくると、物事の見え方も変わってくる。そうすれば、起こる事象が変わってきます。そのために必要なことは、「実践し続けること」です。

あとがき

二〇一〇年。わたしは仕事もなく、お金もなく、体調も優れずにいましたが、なぜか心は解放感に満ちていました。その後、体調が回復したときに、平井ナナエさんと運命的に出逢いました。

その出逢いから、自分らしく生き、理想を現実化するための考え方を学び、実践を繰り返し続けることで、運命が大きく拓かれていきました。

今では、三つの法人の代表を務めさせていただき、日本全国を旅するように周り、自分の大好きなことが仕事になり、大好きな人たちに恵まれ、おかげさまで、幸せで豊かな人生を歩むことができています。

二十代前半の私は、生きることにもがき、また、自分の歩むべき道を探していました。鬱屈とした気持ちの中、その蓄積した思いを吐き出すように綴った言葉が、この巻末に掲載させていただいた『My Self』という詩です。

この詩に込めた思いは、今も変わらず、自分の中で大切にしているものです。

詩「Myself」（2002年作）

子どもの頃、無我夢中に描いていた夢や、
子どもの頃、信じていた自分自身のチカラや、
子どもの頃、感じていた果てしない可能性、
だが大人になるにつれ、徐々に想いは薄れ
やがて歳を重ね、手にしたのは安定、
何も変わらないはずの何かが変わって、
何も変わらない想いはただこの胸にあるだけ
つまずき、迷い、おそれ、あきらめ、
縛りつけきたのは自分自身ただそれだけ
なのに人生は次の方向へ、
時はなだらかじゃなく早く過ぎていくのはなぜ？
風が通り過ぎていくあの風はどこへ？
そして俺はどこへ？　君は向こう岸へ
過去の選択がそれぞれの方向へ、
過ぎ去ってしまったあの頃は戻らないけれど
今があり、先はある将来、笑いある未来、招待するのは自分次第
破壊から再生、そしてつかめ生命、
そっと心に蒔かれたのは小さな種、小さな羽、風に乗れ
自由な宙《そら》、自らのチカラで、そしてリズムで　Yes気楽にいこうぜ
自分じゃない誰かとはもうさようなら
誰でもない自分を生きるから

多くの素晴らしい人たちとの出逢いによって、人生が変わりました。

今、私があるのは、こうした皆さんとの出逢いがあったおかげです。

ＲＴＨグループＣＥＯ・平井ナナエさん、中心道創始者・須田達史さん、わもん創始者・薮原秀樹さん、株式会社絶好調・代表取締役・吉田将紀さん、株式会社Ｇｅｎｔｌｅ・中村成博さん、可能性無限大講演家・ピース小堀さん、ミッションをプロデュースする専門家・斎東亮完さん。

そして、ＲＴＨコミュニティの皆さん、その他ご縁をいただいた、すべての皆さんへ感謝いたします。

二〇二〇年十一月吉日　佐藤政哉

佐藤政哉　MASAYA SATO

一般社団法人Atman代表理事
一般社団法人リターントゥヒューマン代表理事
一般社団法人リターントゥヒューマンスクール代表理事

学生時代は音楽活動に没頭。20歳の時に突如として人生が変わる体験をして精神世界へ没入。その後、本格的に精神修行の道へ入り、ヨガ、導引法、気功の道を研鑽している最中に、心身ともに限界を迎えて全てを失う。

答えの見えない絶望の中で、内なる声（肚の声）に従って新しい道を模索している時に、RTHグループ・楽読スクール創業者・平井ナナエと運命的な出逢いを迎える。

世界展開する「楽読スクール」の中で商人道も磨いていき、トップセールスとなる。新たなステージで湧いてきた内なる声（肚の声）に従って、一大決心。本来の自分や使命を知るための半年間プログラム「リターンスクール」に専念することを決断する。

現在では、3つの社団法人の代表を務め、日本全国でリターンスクールを開講。リターンスクールのファシリテーター育成、トレーナー育成に全身全霊を注ぎ、自身の集大成として「宇宙意識マスターコース」を展開している。

【楽読】【リターンスクール】HP
http://rth.co.jp/

【YouTubeチャンネル】
http://www.returnschool.com/

【佐藤政哉 まさやんチャンネル】
https://www.youtube.com/channel/UCrNcsMaxWED6ok-_azqyg_g

■楽読　ホームページ
https://rth.co.jp/

■リターンスクール　ホームページ
https://returnschool.com/

■佐藤政哉 YouTubeチャンネル
https://www.youtube.com/channel/UCrNcsMaxWED6ok-_azqyg_g

■JAPANコアチューニング協会　ホームページ
https://coretuning.jp/

本来の自分へ還る — Return to Human —

2020年11月30日　第1刷発行

著　者　佐藤政哉《さとうまさや》

プロデュース協力　斎東亮完、原田祥衣
編集協力　あべのぶお、黒川和泉

発行者　太田宏司郎
発行所　株式会社パレード
大阪本社　〒530-0043　大阪府大阪市北区天満2-7-12
TEL 06-6351-0740　FAX 06-6356-8129
東京支社　〒151-0051　東京都渋谷区千駄ヶ谷2-10-7
TEL 03-5413-3285　FAX 03-5413-3286
https://books.parade.co.jp
株式会社RTH（株式会社RTH）
〒530-0012 大阪市北区芝田1-10-10　芝田グランドビル802A
Email info@rth.co.jp　TEL 06-6359-1997

発売元　株式会社星雲社（共同出版社・流通責任出版社）
〒112-0005　東京都文京区水道1-3-30
TEL 03-3868-3275　FAX 03-3868-6588

装　幀　藤山めぐみ（PARADE Inc.）
印刷所　中央精版印刷株式会社

ISBN 978-4-434-28196-9　C0095